신비한
지식 동물원

– 환경 –

어린이를 위한 새로운 환경 교양서

신비한 지식동물원

글 김일옥·지식나무교사모임 | 그림 손수정

그린애플

등장인물 ★6

① **기후 난민이 된 지호** ★11

제피로스의 돋보기   인류세 ★33

② **몬스터 카본을 찾아라!** ★35

제피로스의 돋보기   에너지 전환 ★59

③ **바다거북을 구하라!** ★61

제피로스의 돋보기   자원 순환 ★85

④ 새로운 생태계를 지켜라! ★87
제피로스의 돋보기   지구를 지키는 먹거리 ★103

⑤ 지구를 위협하는 범인들 ★105
제피로스의 돋보기   생물 다양성 ★135

⑥ 대멸종을 막아라! ★137
제피로스의 돋보기   기후 정의 ★156

작가의 말 ★158

메이

갑작스러운 비바람에 휩쓸려 죽을 뻔하지만, 지호의 도움으로 목숨을 구한 신들의 심부름꾼.

지켜봐 주세요.
호모 사피엔스의
기후 정의를!

지호

마음씨가 곱지만, 환경 오염이나 기후 위기에는 전혀 관심 없는 평범한 초등학생. 어느 날 우연히 신비한 막대기 '앙크'를 줍고 나서 동물들의 말을 알아들을 수 있게 된다.

기후 난민이 된 찌호

★ 제피로스의 돋보기 ★
인류세

드디어 비가 그쳤다. 7일 내내 양동이로 퍼붓듯 내리던 비가 멈춘 것이다. 지호는 베란다 문밖의 하늘을 쳐다보았다. 하늘에는 여전히 먹구름이 잔뜩 끼어 있었다.

'설마 또 비가 오지는 않겠지?'

뉴스에서는 기상 관측 사상 올여름에 가장 많은 비가 내렸고, 그 피해 상황도 심각하다고 떠들어 댔다. 집과 다리가 통째로 떠내려간 마을도 있고, 제방이 넘쳐 2층까지 물에 잠긴 아파트도 있었다. 그런 집들은 전기도 물도 끊겼다는데, 지호네 아파트는 다행히 전기도 물도 말짱했다. 오로지 인터넷만 끊겼을 뿐이다.

'학교도 학원도 안 가니까 처음에는 좋았는데…….'

지호는 비가 내리는 게 점점 무서워졌다. 깜깜한 아파트에서 촛불을 켜는 사람, 24층까지 물동이를 이고 계단을 오르내리는 사람들을 텔레비전에서 보고 난 다음부터 말이다. 엄청난 폭우로 힘든 우리나라와 달리 가뭄으로 강과 저수지가 모두 말라 버린 나라도 있었다. 그런 나라는 마실 물마저 부족하다고 했다. 어쩐지 남 일 같지 않아 괜히 불 켜진 전등을 쳐다보고 수돗물도 틀어 보았다.

기록적인 폭우로 완전히 고립된 사이, 지호네 집에는 먹거리가 뚝 떨어졌다. 먹거리를 구하기 위해 엄마는 거의 왕래가 없던 아파트 같은 동 사람들의 집에 찾아갔다. 그러지 않았으면 지호네 가족은 쫄쫄 굶을 뻔했다.

"바스테트 백화점에 갔다 올게. 갔다 와서 맛있는 거 해 줄 테니까 꼼짝 말고 집에 있어!"

비가 멈추자마자 엄마는 장바구니만 들고 다급히 현관문을 나섰다.

"엄마, 휴대폰!"

거실 소파에 놓인 휴대폰을 보고 냉큼 아파트 화단까지 뒤따라 나갔지만, 엄마는 이미 사라지고 없었다.

지호는 호주머니에서 십자 모양의 지팡이를 꺼내 끄트머리에 달린 둥근 손잡이를 팔찌처럼 손목에 차고는 빙글빙글 돌렸다. 만지고 있으면 어쩐지 마음이 편안해지는 물건이었다. 비 오기 전 하굣길에 주웠는데, 그 후 엄청난 폭우가 쏟아져 주인을 찾아 줄 틈도 없었다. 그때 갑자기 지호의 귓가에 이상한 소리가 들려왔다.

통조림이라니? 너무 배고파서 잘못 들은 것일까? 지호는 귀를 쫑긋 세우며 소리 나는 곳을 찾아 두리번거렸다. 나뭇잎이 수북이 쌓인 화단 쪽에 비둘기 한 마리가 쓰러져 있었다.

지호는 슬금슬금 비둘기 쪽으로 가까이 다가가 팔목에 건 십자 지팡이로 비둘기를 툭 건드려 봤다. 아무 반응도 없었다. 쫄딱 비를 맞은 데다 변변히 먹지도 못했을 테니 비둘기는 아마 죽었을 것이다. 지호는 중얼거렸다.

"불쌍한데…… 묻어 줄까?"

그때였다.

"도와줘."

지호는 갑작스러운 말소리에 화들짝 놀라 엉덩방아를 찧었다. 누구 목소리인지 짐작조차 되지 않았다.

"뭐, 뭐야?"

쿵쿵 뛰는 심장을 부여잡고, 지호는 혼잣말로 중얼거렸다.

"설마 비둘기가 말하는 건가?"

지호는 조심스럽게 비둘기에게 손가락을 내밀었다.

"죽었는지 살았는지 그것만 확인하자. 김지호, 넌 할 수 있어!"

따뜻한 온기가 손가락 끝에서 느껴졌다.

"살아 있네!"

지호는 냉큼 비둘기를 손으로 받쳐 들었다. 또다시 말소리가 들렸다.

"나를…… 바스테트 백화점에…… 데려다줘."

혹시나 싶어 두리번거렸지만, 주위에는 아무도 없었다.

"비둘기가 아니라 앵무새인가?"

지호는 손안의 새를 자세히 살펴보았다. 흔히 볼 수 있는 비둘기와는 생김새가 조금 달랐다. 훨씬 날렵할 뿐만 아니라 목덜미와 가슴 부분이 예쁜 노란빛이었다.

어쨌든 지금 이 새는 치료가 필요해 보였다. 아픈 새는 어떻게 치료해야 할까?

"그래, 동물병원에 가야겠다! 바스테트 백화점 안에 동물병원이 있잖아!"

지호는 손안의 새를 조심스럽게 살펴보았다. 다행히 눈에 띄는 상처는 없었다. 엄마가 휴대폰을 놓고 가서 문자 대신 종이에 메모를 남겼다.

> 엄마 저 동물 병원에
> 갔다 올게요.
> 다친 새를 발견했거든요.

　바스테트 백화점은 사람들로 바글거렸다. 비 내리는 동안 온라인 쇼핑과 배달은 어림도 없었고, 마트는 침수되어 물건들이 망가졌다고 했다. 그런데 신기하게도, 폭우가 일부러 피해 간 것처럼 바스테트 백화점에서 파는 물건들은 멀쩡했다. 그래서인지 물건을 사려는 사람들 모두 바스테트 백화점으로 몰려온 것 같았다.

'엄마도 여기 있으려나?'

지호는 북적이는 사람들 사이를 힐끔거렸다. 그때 낯익은 목소리가 들려왔다.

"지호야!"

뒤돌아보니 같은 반 친구 우주가 서 있었다. 우주는 커다란 가방을 들고 있었다. 가방 안에는 고기와 채소 등 온갖 먹거리가 가득했다. 우주네 부모님은 '우주당'이라는 함박 스테이크 식당을 하는데, 폭우가 그치자 부모님 심부름으로 장을 보러 온 모양이었다.

"너도 장 보러 온 거야?"

우주의 질문에 지호는 어물거렸다.

"아니, 그건 아니고……."

그 순간, 우주의 눈이 동그래졌다.

"손에 그건 뭐야?"

지호는 손바닥으로 받치고 있던 새를 조심스럽게 우주에게 보여 주었다.

"와, 비둘기 맞지? 정말 예쁘게 생겼다."

이렇게 생긴 비둘기는 처음 본다며 조잘대던 우주가 갑자기 지호의 손목에 대롱거리는 지팡이를 보고 또 한 번 화들짝 놀랐다.

"어라? 이건 앙크잖아? 너도 까미랑 만났어?"

"앙크? 그게 이 지팡이 이름이야? 이건 그냥 비 오기 전에 하굣길에 주운 건데. 우주 네 거야?"

우주는 잠시 골똘히 무언가 생각하는 듯하더니 이윽고 입을 열었다.

"백화점 안내 데스크에서 김 실장 할아버지를 찾도록 해. 앙크를 돌려주러 왔다고 하면 될 거야."

"이게 김 실장이라는 할아버지 거야?"

우주는 고개를 세차게 흔들었다.

"아니, 앙크는 까미 거야!"

지호는 까미가 꼭 까만 고양이 이름 같다고 생각하며 우주를 멀뚱멀뚱 바라만 보았다. 우주가 한 말을 이해할 수 없었기 때문이다. 우주는 친절한 말투로 차분하게 덧붙였다.

"앙크를 가져왔다고 하면 김 실장 할아버지가 도와주실 거야."

지호는 일단 고개를 끄덕였다.

"김 실장 할아버지한테 내 안부도 전해 줘!"

우주는 그렇게 외치고 가 버렸다. 지호는 우주의 뒷모습을 바라보다가 계속해서 "바스테트, 가이아 님"을 찾는 새의 신음 소리에 정신이 들어 동물 병원으로 달려갔다.

수의사는 새를 살펴보고 살며시 미소 지었다.

"비를 피하지 못해서 지친 거야. 다행히 다친 데는 없구나. 그런데 이 새가 말을 한다고?"

수의사는 "바스테트"라고 중얼거리는 새의 말을 전혀 듣지 못하는 듯했다.

"아, 제가 잘못 들었나 봐요!"

얼굴이 새빨개진 지호는 새를 소중히 안아 들고 얼른 동물 병원을 나왔다.

'설마 나한테만 이 새의 말소리가 들리는 건 아니겠지?'

지호는 우선 김 실장이라는 할아버지에게 앙크를 돌려주기로 했다. 백화점 안내 데스크에서 김 실장 할아버지를 찾으니 곧 말쑥하게 옷을 차려입은 아저씨가 나타났다. 할아버지라기에는 젊어 보여서 지호는 살짝 고개를 갸웃했다.

"앙크를 가져오셨다고요?"

그때 갑자기 김 실장이 깜짝 놀란 표정으로 외쳤다.

"아니, 메이 님이 어떻게 여기에?"

"이 새를 아세요?"

고개를 끄덕인 김 실장은 지호를 데리고 바스테트 백화점 응접실로 갔다. 그러고는 캐비닛에서 신기하게 생긴 상자를 꺼내 지호가 데려온 새를 조심스럽게 넣고 뚜껑을 닫았다.

"회복되어라!"

지호는 휘둥그레진 눈으로 초록빛이 번뜩이는 상자를 바라보았다. 김 실장은 빙그레 웃으며 설명했다.

"회복 상자랍니다. 메이 님은 곧 괜찮아지실 겁니다."

얼마 지나지 않아 상자가 열렸다. 정말로 아까와 달리 멀쩡해진 새가 포르르 날아올라 응접실을 한 바퀴 돌더니 지호의 머리 위에 앉았다. 그리고 곧바로 입을 열었다.

"김 실장, 바스테트 님은?"

사람처럼 말하는 새의 모습에 지호의 입이 떡 벌어졌다. 김 실장은 놀랍지도 않은지 차분히 대답했다.

"가이아 님의 회의에 가셨지요."

그러자 지호의 머리 위에서 메이가 발을 동동 굴렀다.

"이런, 바스테트 님의 도움을 받으려고 했는데! 늦으면 안 되는데, 어쩌지?"

말도 하고 발도 동동 구르는 새라니, 지호는 꿈꾸고 있는 게 아닐까 싶었다. 김 실장과 메이는 계속 대화를 주고받았다.

"마침 제피로스 님이 와 계신답니다. 그곳까지 데려다줄 수 있는지 여쭤 볼까요?"

"제피로스 님이? 이런! 그래서 내가 돌풍에 휩쓸렸구나."

지호는 상자와 새를 번갈아 보며 생각했다.

'혹시 인공 지능 새인가? 그래, 회복 상자라는 건 재부팅 장치 같은 걸 거야.'

지호는 지금 이 상황을 이해해 보기 위해 최선을 다했다. 김 실장이라는 아저씨는 왜 인공 지능 새를 지칭할 때 '님'자를 붙이는 걸까? '메이님'이 새의 이름인가? 그런데 사람이 왜 인공 지능 로봇한테 말을 높이지? 아, 저 사람도 사실 인공 지능인 거구나!

"야, 뭐 해? 정신 차려!"

새의 외침에 생각에 빠져 있던 지호는 소스라치게 놀랐다.

"나? 지금 나한테 하는 말이야?"

"그럼 여기 너 말고 누가 있니?"

지호는 놀랍고 당황스러워 어찌할 바를 몰랐다. 메이는 그런 지호가 답답한지 다시 한번 소리를 빽 질렀다.

"이름이 뭐야?"

"김, 김지호."

깜짝 놀란 지호는 말을 더듬었다. 새는 여전히 지호가 답답한지 날개를 파닥거리면서 이렇게 말했다.

"그래, 지호야. 도와줘서 고마워. 나는 메이라고 해."

지호는 이 모든 게 꿈이더라도 메이라는 새가 건강해져서 다행이라고 생각했다. 새는 계속 짹짹이며 말했다.

"기왕 신세 진 김에 도움을 좀 더 받고 싶은데……. 너는 지금부터 인간 대표야. 뭐, 어차피 인간들이 저지른 짓이니까 인간 대표가 있는 것도 어색하지 않지. 우리는 지금부터 몬스터 카본을 잡으러 갈 거야. 그 녀석을 데리고 가이아 님의 동물원으로 가야 해."

지호는 무슨 말인지 이해할 수 없어서 되물었다.

"뭐라고?"

몬스터 카본이 도대체 뭐지? 가이아 님의 동물원? 우리나라에 그런 곳도 있었나? 지호는 궁금한 게 많았지만, 혼란스러워서 더 이상 질문하지 못 하고 멀뚱멀뚱 메이만 바라보았다.

그때 갑자기 문이 열리며 주위의 모든 물건이 바람에 휘날리기 시작했다.

응접실 안쪽 또 다른 방에서 김 실장이 데리고 나온 제피로스라는 사람은 지호가 태어나서 처음 본 이상한 옷차림을 하고 있었다. 그렇지만 지호는 제피로스의 얼굴을 쳐다보느라 괴상한 옷차림은 눈에 들어오지도 않았다. 제피로스는 지호가 태어나서 본 중에 제일 잘생긴 사람이었다.

잘생긴 얼굴만큼 성격도 도도한지, 메이의 깍듯한 인사에 제피로스는 거만하게 대꾸했다.

"그 보잘것없는 날개로 나랑 같이 날아갈 수 있겠느냐? 하지만 뭐, 심부름 중이라고 하니 동물원까지는 바래다주마."

"감사합니다. 그런데 제피로스 님, 도와주시는 김에 조금만 더 도움을 주십시오. 실은 제가 몬스터 카본을 잡았는데, 며칠 전 돌풍에 휩쓸리면서 그만…… 그 녀석을 놓치고 말았답니다."

제피로스의 눈썹이 추켜올라갔다.

"돌풍?"

"네, 몬스터 카본도 놓치고 저도 날개를 홀딱 젖고 말았지요."

메이는 이 모든 일이 '돌풍을 몰고 온 너의 탓'이라는 눈빛으로 제피로스를 바라보았다. 제피로스는 당황한 듯 괜한 헛기침을 두어 번 하더니 메이의 눈길을 슬그머니 피하며 말했다.

"바로 시간의 문을 작동시키지. 몬스터 카본을 잡으려면 **탄소 발자국**을 따라가면 되겠군. 시작점은 어디가 좋겠나?"

"산업 혁명이 좋겠죠? 그때부터 탄소 소비량이 늘어났으니까요. 몬스터 카본도 익숙한 곳으로 달아나지 않았을까요?"

메이가 말을 마치자 제피로스는 지호를 힐끗 내려다보았다. 지호는 어쩐지 똑바로 마주 볼 자신이 없어 고개를 숙였다.

"이 소년도 같이 가나?"

제피로스의 질문에 메이가 바로 답했다.

"네, 저랑 같이 갈 겁니다!"

깜짝 놀란 지호가 외쳤다.

탄소 발자국이란 일상생활에서 쓰이는 자원과 에너지를 생산, 운송, 소비하는 과정에서 발생하는 이산화탄소 등의 온실가스 발생량을 말해. 인간이 자동차나 버스를 타고 이동할 때, 전기가 필요한 가전제품을 사용할 때, 쓰레기를 처리할 때 탄소 발자국이 발생하는 거지. 이 온실가스들은 대기를 둘러싸고 있어서 지구의 기온을 높이고, 기후 변화를 일으킬 수 있어.

"안 돼! 엄마가 꼼짝 말고 집에 있으라고 했단 말이야."

메이가 피식 웃었다.

"바스테트 백화점 응접실이 너희 집인가 보지?"

지호는 말문이 막혔다. 그러거나 말거나 메이는 계속 자기 할 말만 했다.

"인간들은 원래 말을 잘 듣지 않지. 탄소 배출을 줄이라고 그렇게 경고했는데, 끝까지 말을 안 들어서 결국 이 지경이 되었잖아!"

마치 혼내는 듯한 메이의 말투에 지호는 조금 억울해졌다.

"나는 말 잘 듣는데? 오늘은 너 때문에 여기 온 것뿐이야! 다친 너를 도와주려고 그런 거라고!"

메이가 지호의 항변을 듣는 둥 마는 둥 하는 사이, 제피로스가 손바닥을 펴고 뭐라 외치자 응접실의 하얀 벽면에 알록달록한 그림이 나타났다.

"지호 군, 도착하면 이것을 제출해 주시겠습니까?"

김 실장이 내민 두툼한 보고서 맨 위에는 커다랗게 '**파리 기후 협약**'이라고 쓰여 있었다.

"온실가스 배출량을 줄이겠다는 의지가 담긴 보고서입니다. 가이아 님에게 잘 말씀드려 주세요."

그때 어디선가 정체불명의 말소리가 들려왔다.

"시간의 포털이 열렸습니다. 인류세 작동. 18세기 산업 혁명의 시기로 들어갑니다."

말이 끝나자마자 메이는 지호의 머리칼을 발톱으로 움켜잡고 힘차게 날아올랐다.

"어? 잠시만!"

지호는 허공에 뜬 채 팔을 허우적거리며 소리쳤다.

메이의 환경 교과서

파리 기후 협약이란 2015년 세계 여러 나라가 지구 온난화를 막기 위해 맺은 약속이야. 온실가스 배출량 줄이기가 이 협약의 목적이지. 각 나라는 매년 배출하는 온실가스량을 기록하고, 이를 줄이는 방법을 고민하고 실행하자고 약속했어. 파리 기후 협약은 지구 온난화를 막기 위해 세계 여러 나라가 함께 노력한다는 것을 보여 주는 좋은 예야.

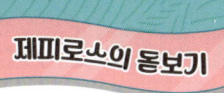
제피로스의 돋보기

인류세

안녕! 나는 지금부터 환경에 대해 정리해 줄 바람의 신 '제피로스'야. 지금부터 우리 함께 환경에 대해 알아보자.

🌱 인류세란?

'인류세'란 지구의 새로운 지질 시대(학자들이 지층 속 바위의 색깔이나 두께, 분포, 화석으로 구분하는 시대)를 의미해. 노벨 화학상 수상자인 네덜란드 화학자 폴 크루첸(Paul Crutzen)이 제안한 낱말이지. 폴 크루첸은 지구 환경과 생태계에 인류의 영향력이 커지며 지구가 새로운 지질 시대를 맞이했다고 주장했어. 그 후 인류세라는 용어는 환경 과학 분야에서 인류의 지구 환경과 생태계에 대한 영향력을 강조하는 말로 널리 사용하고 있어.

특징 ✓

인류세의 가장 큰 특징은 무엇일까? 그건 바로 인간에 의해 자연환경이 변화했다는 거야. 문제는 대규모 인구 증가, 산업화, 화석 연료 사용, 자원의 과소비, 플라스틱 같은 화학 물질의 사용 등으로 생긴 지구의 환경 변화가 인류의 생존까지 위협한다는 점이지.

시작 지점 ✓

'인류세'가 공식 용어로 지정된 건 아니라서 과학자들 사이에서도 의견이 나뉘지만, 보통 인류세의 시작 지점이 20세기 중반이라고 이야기해.

산업 혁명이 시작된 18세기 후반	최초의 핵 실험에 성공한 20세기 중반	'인류세' 개념이 처음 제시된 2000년대
화석 연료 때문에 이산화탄소가 많아지며 지구 환경에 변화가 일어났어. 플라스틱도 이때 처음 만들어졌지.	핵 실험으로 생긴 방사선 원소들이 지구에 확산되어 수억 년 뒤에도 지층에 남아 있을 거야.	역사가 긴 지질 시대에서 100~200년 차이는 얼마 되지 않는 시기야.

인류세에 대한 미래 세대의 평가 ✓

이대로라면 인간 세대에 대한 미래 세대의 평가는 나쁠 수밖에 없겠지? 인류세를 살아가는 인간은 생활 방식, 경제 활동, 기술 발전 등에 대해 고민해 봐야 해. 인간이 환경 문제를 해결하지 않는다면, 무슨 일이 생길지 모르니까 말이야. 인류 때문에 생긴 지구의 급격한 변화, 먼 미래 세대의 평가를 바꿀 수 있는 것은 현재의 인간뿐이야.

몬스터 카본을 찾아라!

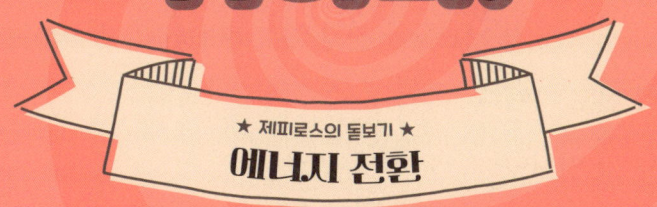

★ 제피로스의 돋보기 ★
에너지 전환

"칙칙! 칙칙폭폭!"

메이의 발톱에 대롱대롱 매달린 지호 바로 옆으로 엄청난 크기와 속도의 증기 기관차가 지나갔다. 지호의 입에서 콜록콜록 기침이 절로 나왔다.

"여기가 어디야?"

메이는 심드렁하게 대꾸했다.

"18세기 말의 영국 런던이지."

"진짜 과거로 온 거야? 왜?"

"아까 말했잖아. 도망간 몬스터 카본을 잡으러 왔다고."

지호는 시커먼 안개를 들이마시지 않으려 필사적으로 애쓰며

물었다.

"그 녀석을 왜 잡는데?"

메이는 뭘 그런 당연한 질문을 하냐는 듯 답했다.

"신들의 재판정에 세워야 하니까."

몬스터 카본은 재판정에 서야 할 만큼 나쁜 짓을 한 녀석인가 보다 생각하며 지호는 무작정 고개를 끄덕였다. 그러다 새카맣고 매캐한 연기에 "켁켁" 기침을 하며 눈을 비볐다. 기침에 검은 그을음이 섞여 나왔다. 여기 오래 머무르면 숨이 막혀서 죽을 것 같았다.

메이가 안쓰럽다는 듯 지호에게 말을 건넸다.

"18세기의 스모그는 정말 지독하지?"

"스모그? 그게 뭔데?"

"자동차의 배기가스나 공장에서 내뿜는 연기가 안개처럼 변한 거잖아. 이 시커먼 안개 때문에 숨쉬기가 어려워져서 1952년 영국 런던에서는 1만 2천 명이나 죽었지."

"아, 미세 먼지 같은 거구나! 미세 먼지는 누런데, 스모그는 거멓네."

"이 시대부터 인간들은 지구 속에 있는 화석 연료를 엄청 꺼내 썼어. 몬스터 카본도 틀림없이 여기 어딘가에 숨어 있을 거야."
지호는 계속되는 기침에 목이 너무 아프고, 눈도 간지러워서 참을 수 없이 짜증스러워졌다.
"도대체 아까부터 무슨 말을 하는 거야?"

지금 지호가 궁금한 것은 '내가 왜 여기 왔는지'였는데, 메이라는 녀석은 엉뚱한 설명만 늘어놓고 있었다.

"쯧쯧, 방금 지나간 증기 기관차의 연료가 뭐야?"

지호는 일단 얌전히 대답했다.

"……석탄?"

"그래. 인간들은 더 많은 물건을 실어 나르기 위해 증기 기관차를 만들어 냈고, 증기 기관차는 점점 더 늘어 더 많은 석탄을 필요로 했어. 석탄 같은 화석 연료는 각종 산업의 기반이니까. 인류의 문명이 발전할수록 공기 중 탄소 농도도 증가했지."

랩이라도 하듯 속사포로 몰아붙이던 메이가 숨을 고르는 사이, 지호는 잽싸게 다시 물었다.

"내가 궁금한 건 나를 왜 여기 데리고 왔냐는 거야."

메이는 당연한 걸 묻는다는 듯 눈알을 굴렸다.

"몬스터 카본 잡는 걸 도와줘야 한다고 했잖아."

지호는 속이 터졌다.

"그러니까, 내가 왜?"

메이가 날개를 파닥거렸다.

"인간에게 책임이 있으니까! 솔직히 모두 너희들 탓이라고!"

지호는 답답해서 발을 동동 굴렀다.

"그게 무슨 소리인지 나는 하나도 모르겠다고!"

그러자 메이가 슬그머니 꽁지를 내렸다.

"너도 눈치챘겠지만, 나는 보통 비둘기가 아니야."

지호는 일단 꾹 참고 메이의 말을 들어 보기로 했다.

"위대하신 가이아 님은 지구를 새롭게 바꾸기 위해 신들을 불러 모으셨어. 풍요의 신 바스테트도 그래서 자리를 비운 거지. 하지만 인류세의 신들은…… 그러니까 인간 문명과 함께 탄생한 신들 말이야. 수레바퀴의 신, 경제와 풍요의 신, 과학의 신 등등, 그들은 인간과 함께 사라지고 싶지 않은가 봐."

"인간이 사라져? 왜?"

메이는 고개를 갸웃하는 지호에게 버럭 화를 냈다.

"왜라니. 너희 인간들이 지구를 죄다 망쳐 놨잖아!"

머릿속에 바로 환경 오염이 떠오르는 걸 보면 잘못이 아주 없지는 않은 것 같았다. 그렇다고 해도 인간이 사라진다니 믿을 수 없었다. 메이는 딱하다는 투로 말을 이었다.

"요즘 폭염, 폭우, 산불 같은 게 너무 잦지 않아? 그건 바로 지구의 대기 중 탄소량이 갑자기 너무 많이 증가했기 때문이야. 이게 내가 몬스터 카본을 잡아 오라는 명령을 받은 까닭이기도 하지. 몬스터 카본은 탄소가 많으면 커지고 적으면 작아지거든."

지호는 메이가 하는 말이 온실가스 영향으로 지구가 너무 뜨거워지고 있다는 과학자들의 말과 비슷하다는 걸 알아차렸다.

"**지구 온난화** 이야기를 하는 거야? 탄소가 **온실가스**니까. 즉, 몬스터 카본이라는 게 지구 온난화를 심각하게 만드는 괴물이라는 뜻이잖아."

메이는 마치 멍청한 녀석을 일깨워 줬다는 듯 양 날개로 짝짝짝 박수 치는 시늉을 하며 말했다.

메이의 환경 교과서

지구 온난화란 지구의 기온이 올라가는 것을 말해. 인간은 에너지를 만들기 위해 화석 연료를 연소시키는데, 이때 이산화탄소를 비롯해 온실 기체들이 발생해. 이것들을 온실가스라고 하지. 이런 온실가스는 지구 온난화의 주요 원인 중 하나야. 온실가스 배출이 많아져 지구 온난화가 계속되면 빙하가 녹아 바다 수면이 상승하고, 동식물의 서식지가 바뀔 수도 있어.

"그래, 이제야 말이 좀 통하네."

지호는 정말이지 더 이상 폭우로 고립되고 싶지 않았다.

"몬스터 카본을 잡아가면 신들이 없애 준다는 거지?"

지호의 질문에 메이는 한심하다는 투로 중얼거렸다.

"몬스터 카본을 없앤다고? 인간들은 정말 죽고 싶은 건가?"

지호는 바보 취급당하는 기분에 발끈했다.

"몬스터 카본이 지구 온난화를 일으키는 원인이라며? 그 녀석만 없어지면 지구 온난화도 기후 위기도 해결되는 거잖아."

메이는 골치가 아프다는 듯 한숨을 내쉬었다.

"몬스터 카본은 온실가스를 만들어 내. 그렇지만 만약 온실가스가 전혀 없다면 지구 표면의 평균 기온은 영하 18도까지 떨어질걸? 너, 평균 기온 영하 18도에서 버틸 수 있어?"

메이의 환경 교과서

온실가스란 이산화탄소, 메탄 등 지구 대기를 오염시켜 온실 효과를 일으키는 가스를 통틀어 가리켜. 너무 많으면 지구 온난화를 일으키지만, 사실 일정량의 에너지를 가둬서 지구 표면 온도를 유지시키는 역할도 해. 지나치게 많아도, 아예 없어도 문제인 셈이지.

솔직히 지호는 더운 것보단 추운 게 나았다. 그런데 문득 신석기 시대부터 지구가 따뜻해져서 농사짓기가 가능해졌다는 이야기가 생각났다. 빙하기가 다시 오면 굶어 죽을지도 모른다고 생각하니 오싹했다. 지호가 생각에 잠긴 동안 메이는 신나게 짹짹거렸다.

"온실가스 자체가 나쁜 게 아니야. 문제는 지금 지구 대기에 있는 온실가스량이 너무 많다는 거지. 한번 대기로 나온 이산화탄소는 약 200년 정도 머물거든. 말하자면 계속해서 온실가스가 대기 중에 쌓인다고 생각하면 돼."

길고 지루한 설명에 피곤해진 지호는 반사적으로 고개를 끄덕였다. 바로 그때 우르르 쾅쾅, 땅이 흔들리면서 흙먼지가 풀풀 날리고 거대한 지렁이 같은 녀석이 꿈틀꿈틀 기어 나왔다. 그 녀석을 바라보며 메이가 소리쳤다.

"몬스터 카본이다! 잡아!"

지호는 증기 기관차가 지나간 자리에 떠다니는 검은 연기를 꿈틀꿈틀 따라가는 몬스터 카본을 보며 생각했다.

'저렇게 큰 놈을 어떻게 잡아!'

잠시 후, 메이는 어디서 났는지 알 수 없는 밧줄을 부리로 집어 지호에게 던졌다. 곧 메이의 덩치가 말의 크기만큼 커졌다.

"내 위에 올라타!"

지호는 냉큼 메이의 등에 올라탔다. 밧줄도 잊지 않고 챙겼다. 메이가 순식간에 하늘로 솟구쳤다. 비행은 짜릿했지만 증기 기관차가 내뿜는 매연 때문에 앞이 잘 안 보였다.

"밧줄을 묶어서 원을 만든 다음 빙글빙글 던져 봐. 밧줄에 잡히면 내가 낚아챌게. 지금이야! 던져!"

밧줄이 몬스터 카본 근처에 다가가지도 못하자 메이가 지호를 타박했다.

"그것도 못해?"

지호는 다시 밧줄을 던지며 외쳤다.

"매연 때문에 잘 안 보인다고!"

밧줄은 이번에도 몬스터 카본의 몸뚱이를 스치기만 했다. 메이는 탄식했다.

"그 녀석을 잡지 못하면 인간은 끝장이야!"

그 순간, 증기 기관차 앞에 얼룩덜

룩한 시간의 포털이 열리기 시작했다.

"맙소사! 또 어디로 가는 거야? 놓치면 안 돼!"

그와 동시에 몬스터 카본의 꼬리에 밧줄이 걸렸다.

"잡았다!"

지호는 밧줄을 잡아당겼지만, 몬스터 카본의 꼬리 힘이 더 셌다. 지호는 그대로 몬스터 카본과 함께 시간의 포털로 빨려 들어갔다. 멀리서 메이의 외침 소리가 들려왔다.

"지호야!"

퍽!

지호는 요란한 소리와 함께 바닥에 떨어졌다. 엉덩이가 조금 아프기는 했지만 다친 곳은 없는 듯했다.

"여기는 또 어디야?"

그때 지호의 눈에 거대한 알림판이 들어왔다.

알림판에는 난생처음 접하는 지명이 쓰여 있었다. 지호는 일단 주위를 둘러보았다. 커다란 굴뚝에서 나오는 검은 연기를 마시면서 몬스터 카본의 덩치가 다시 커지고 있는 모습이 보였다.

'어떻게 줄여 놨는데!'

지호는 황당함에 눈살을 찌푸렸다. 그때 푸드덕거리는 날갯소리와 함께 메이가 날아왔다.

"지호야, 괜찮아?"

지호는 곁에 다가온 메이에게 물었다.

"여긴 도대체 어디야?"

메이는 주변을 몇 번 두리번거린 뒤 대답했다.

"미국 펜실베이니아의 작은 시골 마을이야. **유전**이 발견된 후 처음으로 커다란 **유정**이 생긴 곳이지. 사람들은 석유가 검은 황금이라는 사실을 알아채고 땅속에서 엄청나게 뽑아내기 시작했어."

지호가 눈을 끔뻑였다.

"그런데 저 녀석은 왜 검은 연기를 빨아먹는 거야? 저건 석유 때문에 나오는 거 아냐? 몬스터 카본은 석탄을 좋아한다며?"

메이는 한심하다는 듯 대답했다.

"너는 뭐 밥만 먹고 사니? 몬스터 카본은 석탄뿐 아니라 에너지가 되는 원료는 모두 좋아해."

"에너지가 되는 원료? 그게 석탄과 석유야?"

메이는 뾰로통하게 대답했다.

메이의 환경 교과서

유전과 **유정**은 모두 석유 채굴과 관련된 단어야. 유전은 석유가 나오는 일정한 구역을 가리키고, 이 석유를 캐내기 위해 뚫은 구멍 또는 자연적으로 석유가 나오는 구멍을 유정이라고 해. 감자밭에서 감자를 캐기 위해 땅을 파듯이, 유전에서 석유를 캐내려면 유정이란 구멍이 필요한 셈이야. 즉, 유전에는 수많은 유정이 있을 수 있어.

"그래. 문제는 오늘날 인간의 문명이 대부분 석유로 이루어져 있다는 거야. 석유는 공장의 기계를 돌릴 때뿐 아니라 농사지을 때도 쓰여. 심지어 플라스틱조차 석유로 만든다고."

메이는 플라스틱의 재료인 고분자 화학물이 원유를 정제하는 과정에서 만들어진다고 덧붙였다

"내가 먹던 농산물도, 편하게 사용하던 플라스틱도, 전부 석유가 연관되어 있다는 말이야?"

메이는 고개를 끄덕였다.

"석탄, 석유 말고 몬스터 카본이 좋아하는 건 뭐야?"

메이는 막힘없이 대답했다.

"전기? 현대 사회는 모든 에너지의 기본을 전기로 사용하잖아. 그런 전기를 만드는 발전소를 돌리기 위해 석탄이 필요하다는 게 아주 큰 문제지."

유정 속에 들어가고 나올 때마다 몬스터 카본의 몸집은 점점 커졌다. 이제 지렁이가 아니라 용처럼 보였다. 지호는 손에 든 밧줄을 보며 중얼거렸다.

"저 녀석 왜 저렇게 커진 거야?"

메이도 머리를 감싸 쥐며 끙끙댔다.

"많이 먹어서 그렇지, 뭐. 인간들은 도대체 원료를 왜 그렇게 펑펑 써 댄 거야? 몬스터 카본이 시커먼 것만 먹어 대니까 공기도 더러워지고……. 아휴, 진짜!"

지호는 괜시리 입술을 삐죽였다.

"이렇게 작은 밧줄로는 저렇게 커져 버린 몬스터 카본을 잡을 수 없을 텐데……. 어쩌면 좋지?"

메이는 계속 끙끙대며 한탄했다. 지호는 퉁명스럽게 대꾸했다.

"뭘 어째. 뚱뚱하면 다이어트를 시켜야지!"

갑자기 깨달음을 얻은 듯 메이가 붕 하고 날아올랐다.

"그래! 그거야!"

지호는 당황해서 눈을 끔뻑였다.

"뭐, 뭐가?"

"다이어트 말이야! 다이어트의 기본은 뭐야?"

지호는 반사적으로 답했다.

"먹는 걸 줄이는 거지. 아! 그래, 석탄이나 석유 대신 바람! 풍력 발전소!"

드디어 자신이 메이의 생각을 알아챘다고 생각한 지호는 신나서 발을 굴렀다. 메이도 지호와 함께 신나게 날개를 퍼덕였다.

"그런데 풍력 발전소로 어떻게 몬스터 카본의 다이어트를 시킬 건데?"

예상치 못한 질문에 당황한 지호는 잠시 숨을 고른 뒤 답했다.

"아까 말했듯이, 다이어트의 기본은 먹는 걸 줄이는 거야. 몬스터 카본의 먹이는 석탄이나 석유니까, 그걸 줄일 방법을 찾으면 덩치가 줄어들지 않을까?"

메이는 고개를 갸웃했다.

"몬스터 카본의 먹이를 어떻게 줄일 건데?"

"몬스터 카본은 전기를 좋아한다며? 탄소 배출량이 적은 원료를 먹이면 덩치가 줄어들지 않겠어?"

"탄소 배출량이 적은 원료?"

지호는 고개를 끄덕였다.

"물이나 바람, 파도 등으로 전기 에너지를 만들 수 있대. 저 녀석을 풍력 발전소로 데려가는 건 어떨까? 깨끗하고 좋은 에너지를 먹으면 자연히 덩치도 줄어들지 않을까?"

지호의 말이 끝나기가 무섭게 껄껄 웃는 소리가 들려왔다. 지호와 메이는 깜짝 놀라 주변을 살펴보았다. 어느샌가 곁에 제피로스가 와 있었다. 지호는 제피로스에게 조심스럽게 물었다.

"제피로스 님도 인류세의 신이신가요?"

제피로스 대신 메이가 대답했다.

"제피로스 님은 바람의 신 가이아 님과 함께 존재하는 자연계의 위대한 신이시지. 인간은 없어져도 바람의 신은 사라지지 않아! 너희와 운명을 같이하지 않는다고!"

지호는 당황해서 말을 더듬었다.

"어, 그…… 그럼 왜 저희를 도와주시는 거죠?"

제피로스는 싱글싱글 웃으며 대꾸했다.

"내가 너희를 도왔다고? 언제?"

지호는 당황해서 머리를 긁적였다. 생각해 보니 정말로 제피로스가 지호와 메이를 도와준 것은 없었다. 지호는 그냥 뻔뻔하게 나가기로 마음먹었다.

"지금부터 도와주실 거잖아요."

"내가? 어떻게?"

지호는 눈을 딱 감고 질러 버렸다.

"몬스터 카본과 저희를 풍력 발전소로 보내 주실 거니까요!"

제피로스는 못 말리겠다는 듯 빵 터졌다.

"하하! 너, 굉장히 웃기는 녀석이구나? 재미있어 보여서 지켜보고 있었는데, 진짜 재미있네. 그래, 까짓것 보내 주지, 뭐. 딱히 어려운 일도 아닌데."

이내 시간의 포털이 열렸다. 시간의 포털이 열리자 주변의 모든 것이 빨려 들어갔다. 유정 굴뚝 위로 기어오르던 몬스터 카본도 예외는 아니었다. 메이는 잽싸게 지호를 낚아챘다.

"제피로스 님, 감사합니다!"

몬스터 카본은 바다 위에 세워진 거대한 선풍기 같은 풍력 발전기의 거대한 날개를 빙글빙글 따라가고 있었다. 풍력 발전소에서 나오는 전기 에너지를 어찌나 맛있게 빨아 먹는지 꿀떡꿀떡 소리가 다 들렸다. 뒤꽁무니에서는 마치 풍선에서 바람이 빠

지듯 풍풍! 바람이 빠져나왔다. 몬스터 카본의 덩치는 지호의 예상대로 점점 줄어들었다. 메이가 번뜩 지호를 노려보았다.

"이것 봐. 인간들이 답을 모르는 것도 아니잖아! 알면서 왜 안 했어? 진작 **대체 에너지**를 사용했으면, 이 지경까지는 안 됐을 것 아니야!"

지호는 자기도 모르게 변명조로 말했다.

"일부러 그랬나 뭐! 몰랐던 거지. 그래서 이제라도 열심히 하고 있잖아."

메이는 불만스럽다는 듯 구시렁댔다.

"하여튼 말이나 못하면……."

그때 지호가 거대한 풍력 발전소 날개를 가리키며 외쳤다.

메이의 환경 교과서

지금껏 인간이 사용해 온 화석 연료는 많은 문제점을 드러냈어. 이런 화석 연료의 문제를 줄이고 인간에게 필요한 열과 에너지를 생산 가능한 에너지를 **대체 에너지**라고 해. 재생 에너지라고도 하지. 태양에서 나오는 열 또는 빛, 바람 등을 이용해 생산한 에너지는 지구 환경을 해치지 않으면서 지속적으로 전기를 생산할 수 있어. 이 밖에도 수력, 지열, 해양 에너지 등 다양한 대체 에너지가 있어.

"어? 메이! 저기!"

메이는 지호의 손가락이 가리키는 곳을 바라보았다. 거대한 풍력 발전소의 날개를 타고 전기 에너지를 먹던 몬스터 카본이 바다로 떨어지고 있었다. 몬스터 카본의 몸은 점점 더 작아졌다.

"아악! 안 돼!"

지호는 냉큼 몬스터 카본을 향해 밧줄을 던졌다. 밧줄은 허공을 휘리릭 날아 몬스터 카본을 움켜쥐었지만, 몬스터 카본은 결국 바닷속으로 가라앉았다. 밧줄 고리보다 덩치가 작아진 탓이었다.

에너지 전환

에너지 전환은 에너지로 사용 가능한 자원을 다른 것으로 바꾸는 거야.

🌱 재생 불가능한 에너지를 재생 가능한 에너지로

석탄, 석유 등의 화석 연료를 태울 때 발생하는 온실가스로 인해 기후 위기가 심해지고 있어. 이 문제를 해결하기 위해 인류는 석탄, 석유와 같은 에너지를 태양, 풍력, 수력 등의 재생 에너지로 전환하기 위해 노력하고 있지.

재생 불가능 에너지 ✓

한번 사용하면 수백만 년 안으로 다시 만들어지지 않는 에너지를 말해. 산업 혁명 이후 인류가 주로 사용해 온 석탄, 석유 등의 화석 에너지가 여기에 속해. 방사능 유출 위험성이 있는 원자력 에너지 또한 재생 불가능 에너지야.

재생 에너지(재생 가능 에너지) ✓

한 번 사용하더라도 다시 만들어져 끊임없이 사용 가능한 에너지를 말해. 태양·풍력·수력·지열 에너지, 바이오매스 등이 여기에 속해. 1980년대 말부터 화석 에너지로 인한 지구 온난화가 심각하다는 과학자들의 연구가 있었어. 그 후로 지구를 아프게 하지 않으면서도 지속적으로 인류가 발전하기 위한 에너지원으로 재생 에너지의 중요성이 강조되고 있어.

재생 에너지의 종류 ✓

태양 에너지
◆ 태양의 에너지량은 무한대에 가까워. 고갈될 염려도 없어서 앞으로 가장 중요한 에너지가 될 거야. 태양 빛을 전기 생산에 이용하는 태양광 발전과 집열 장치를 이용해 열을 생산하는 태양열 발전으로 나눌 수 있어.

풍력 에너지
◆ 바람을 이용해 얻는 에너지를 말해. 주로 풍차를 이용한 풍력 발전으로 전기를 얻어. 우리나라에서는 바람이 많은 제주도와 강원도 대관령 등에 세운 풍력 발전소에서 전기를 얻지.

수력 에너지
◆ 물을 이용해 얻는 에너지를 말해. 우리나라에서는 주로 댐을 통해 에너지를 얻어.

해양 에너지
◆ 파도, 밀물과 썰물, 조류, 바닷물의 온도차를 이용해 얻을 수 있는 재생 에너지야. 3면이 바다인 우리나라에서도 많은 관심을 갖는 재생 에너지 중 하나야.

바이오 에너지
◆ 동식물의 유기물을 분해하여 얻는 에너지야. 바이오 에너지 자원 중 하나인 바이오매스는 1년간 생산되는 양이 석유 전체 매장량과 같다고 해. 물과 온도 조건만 맞으면 지구 어느 곳에서나 얻을 수 있기 때문에 다양한 연구가 계속되고 있어.

바다거북을 구하라!

★ 제피로스의 돋보기 ★
자원 순환

메이는 풀 죽은 목소리로 중얼거렸다.
"아, 나도 결국 통조림이 될 운명인가?"
"통조림이라니, 뜬금없이 무슨 소리야? 그리고 나는? 나는 집에 가야 한다고!"
지호의 말에 메이는 묘하게 빈정거리는 투로 답했다.
"그래, 네가 뭘 알겠니. 어쩔 수 없지. 넌 그냥 집으로 돌아가. 이건 내 일이니까 내가 해결해야지."
지호는 부아가 치밀어 올랐다.
"그러니까 시간의 포털인가 뭔가 빨리 열어 줘!"
메이가 어깨를 으쓱했다.

"난 못하는데? 제피로스 님께 부탁해 보든가!"

지호는 메이를 노려보다가 제피로스를 부르기 시작했다.

"제피로스 님! 제피로스 님!"

하지만 아무리 불러도 대답이 없었다. 지호는 점점 화가 났다. 어처구니없는 일에 휘말려 지금껏 고생한 것도 억울한데, 집에 갈 방법도 모르다니! 지호는 머리를 쥐어뜯으며 소리쳤다.

"아니, 애초에 왜 지구 환경을 바꾸려고 하는데? 그냥 이대로 좀 살게 둬도 되잖아! 신이라면 인간을 잘 돌봐 줘야지."

메이는 그런 지호를 부리로 콕콕 찌르기 시작했다.

"어쩜 그렇게 인간 중심으로만 생각할 수 있어? 가이아 님의 몸인 지구에 얼마나 많은 생명이 살아가는 줄 알아!?"

그리고 울먹거리며 말했다.

"너희들, 휴대폰이 느려지면 초기화하지? 지구도 고장 난 휴대폰처럼 제대로 돌아가지 않고 있단 말이야. 그러니 지구 환경을 새로 싹 바꾸려는 거라고."

지호는 잠자코 메이의 말을 들었다. 뭐라고 대답해야 할지 알 수 없었기 때문이다.

"솔직히 가이아 님 입장에서는 인류가 사라지든 말든 아무 상관도 없어."

메이의 말에 지호는 입을 삐죽였다.

"그래, 뭐. 인간이 밉겠지. 지구를 잔뜩 망쳐 놓았으니. 쓰레기도 함부로 버리고……."

그런 지호의 모습에 메이는 고개를 절레절레 저었다.

"가이아 님도 벌써 지구를 바꿀 생각은 아니었어. 그런데 인간들이 화석 연료를 너무 많이 꺼내 쓰는 바람에 더 이상 견딜 수 없게 된 거야. 그러니까 너희들 때문인 거지, 가이아 님 때문이 아니야. 너희가 스스로 목을 조른 거라고!"

지호는 바다를 멍하니 바라보며 중얼거렸다.

"인간이 진짜 사라질까?"

메이는 지호의 질문에 콧방귀를 뀌었다.

"가이아 님이 몸을 바꾸실 때마다 지구 환경은 크게 달라졌어. 선캄브리아대부터 고생대, 중생대, 신생대까지, 생물들은 변화에 적응하지 못하고 대부분 사라졌지. 공룡을 생각해 봐. 인간이라고 별 수 있을까?"

지호는 욱하는 마음으로 대꾸했다.

"인간은 공룡과 다르잖아."

"공룡보다 인간이 똑똑하다는 이야기야? 그런 인간이 지구를 얼마나 혹독하게 망쳐 놓았는지 알기나 해?"

지호는 일단 메이를 진정시켰다.

"알겠으니까 흥분하지 마."

지호의 말이 끝나자마자 푸드덕 날아오른 메이가 바다를 바라보며 깜짝 놀란 투로 중얼거렸다.

"어라, 저건 뭐지?"

바닷속에서 둥근 기둥 하나가 쑥 솟아오르고 있었다. 곧이어 둥근 바위도 떠올랐다. 그 정체는 거대한 바다거북이었다.

빠른 속도로 헤엄치던 바다거북은 해안가로 올라 메이와 지호에게 엉금엉금 다가왔다. 거대한 바다거북이 눈을 껌벅이며 빤히 바라보자 지호는 더럭 겁이 나 뒤로 물러났다. 그런 지호를 바다거북이 계속 따라왔다.

"왜, 왜 그러는데?"

지호가 당황하며 손을 내젓자 바다거북은 커다란 앞발로 자기 콧구멍을 가리켰다. 바다거북의 조그만 콧구멍에 커다란 빨대가 박혀 있었다.

"그 빨대를 빼 달라고?"

바다거북이 고개를 끄덕였다. 지호는 심호흡을 한 다음 조심스럽게 다가가 바다거북의 콧구멍에 박힌 빨대를 움켜잡았다.

"자, 뺀다. 하나, 둘, 셋!"

지호가 힘껏 잡아당기자 빨대는 바다거북의 콧구멍에서 쏙 빠졌다. 메이가 짝짝 박수를 치며 좋아했다.

"잘했어, 지호야!"

바다거북이 인사했다.

"고마워."

지호는 머쓱하게 뒤통수를 긁적였다.

"별것도 아닌데, 뭐."

지호가 말을 끝내기도 전에 메이가 끼어들었다.

"바다거북아, 우리 좀 도와줄 수 있니? 바닷속으로 몬스터 카본이 빠졌는데, 그 녀석을 잡아야 하거든."

바다거북은 고개를 저었다.

"지금은 너무 아파서 힘들 것 같아."

지호가 깜짝 놀라며 물었다.

"아파? 어디가? 설마 빨대 때문에 다른 데도 다친 거야?"

"글쎄, 너무 더부룩해. 배 속에서 무엇인가 덜그럭거려. 그래서 움직이기가 힘들어."

메이는 안타깝다는 듯이 바다거북을 타박했다.

"아무거나 막 먹었구나! 아휴, 요즘은 잘 살펴보고 먹어야 한단 말이야!"

투덜대던 메이가 잠시 후 어디론가 포르르 날아가더니 입에 약초를 물고 돌아왔다.

"구토제야."

지호는 메이가 가져온 약초를 돌로 으깬 다음 바다거북에게 먹였다. 얼마 뒤 바다거북의 배 속에서 꾸르륵꾸르륵 요란한 소리가 났다. 바다거북이 커다란 입을 벌리자 으깨진 생선과 함께 시큼한 토사물이 쏟아졌다. 그 속에는 과자 봉지, 허연 실뭉치 같은 낚싯줄, 반질반질 빛나는 둥근 플라스틱 공, 깨진 유리병, 하얀 스티로폼 조각 등 쓰레기가 가득했다.

'플라스틱?'

그러고 보니 비닐봉지가 영어로 '플라스틱 백(plastic bag)'이라는 이야기를 들어본 것 같았다. 메이가 다시 입을 열었다.

"한 해에 약 10만 마리의 포유동물이 **해양 쓰레기** 때문에 목숨을 잃는다는 사실을 알기나 해? 우리 같은 새들은 또 어떻고! 한 해에만 약 100만 마리의 새들이 죽어가. 플라스틱 조각이 먹이인 줄 알고 새끼들에게 주기 때문이야."

말을 마친 메이는 울컥했는지, 숨을 몰아 쉬었다. 지호는 입이 열 개라도 할 말이 없었다. '**제로 웨이스트**'라는 쓰레기 줄이기 운동이 있다는 것은 지호도 알고 있었지만, 그동안 아무 생각 없이 일회용 물건을 쓰고 버리며 쓰레기를 줄이기 위한 노력을 하지 않았기 때문이다.

메이의 환경 교과서

✦ **해양 쓰레기**란 사람들이 바다와 그 주변에 버리는 쓰레기들이야. 간식 포장지, 빈 물병, 플라스틱 빨대, 음료수 캔 등이 모두 해양 쓰레기가 될 수 있어. 해양 쓰레기는 바다에 사는 동식물을 아프거나 죽게 해. 인간이 먹는 해산물이 오염되면 인간의 건강에도 문제가 생길 수 있어.

그때 바다거북이 말했다.

"몬스터 카본을 잡아 달라고 했지? 한번 찾아볼게."

그러고는 곧바로 바닷속으로 들어갔다. 그런데 아무리 기다려도 바다거북은 바닷속에서 나오지 않았다.

"설마 그냥 가 버린 건 아니겠지?"

"거북이는 은혜를 꼭 갚는 동물이야."

메이가 말하다 말고 고개를 갸웃거렸다.

"근데 생각해 보니까 인간 때문에 빨대가 콧구멍에 꽂힌 거잖아. 그냥 가 버려도 할 말이 없네."

지호는 발을 동동 굴렀다. 다행히 얼마 지나지 않아 바다거북이 바닷속에서 쑥 올라왔다.

"없어!"

메이의 환경 교과서

✦ **제로 웨이스트**란 가능한 한 쓰레기를 만들지 않는 것을 말해. 예를 들어, 비닐봉지 대신 다시 사용 가능한 에코백을 사용하면 일회용 플라스틱 쓰레기를 줄일 수 있어. 우리가 재활용하거나, 재사용 가능한 제품을 사용하면 지구의 쓰레기를 줄일 수 있어. 이런 노력이 바로 제로 웨이스트를 실천하는 방법 중 하나인 거야.

지호와 메이가 동시에 외쳤다.

"뭐?"

바다거북이 침착하게 대답했다.

"내 생각에 몬스터 카본이 해류를 타고 북태평양 쪽으로 간 것 같아."

메이가 바다거북에게 다시 조심스럽게 부탁했다.

"저기, 정말 미안한데, 혹시 그쪽으로 우리를 데려다줄 수 있을까? 이건 정말 중요한 일이야! 너도 알지? 요즘 바닷물이 뜨거워졌다 차가워졌다 하잖아. 그 녀석을 잡아야 **엘니뇨**랑 **라니냐**

메이의 환경 교과서

엘니뇨와 **라니냐**는 태평양 바다의 온도가 변하는 현상이야. 바닷물이 평소보다 따뜻해지는 현상을 엘니뇨, 평소보다 차가워지는 현상을 라니냐라고 해. 엘니뇨와 라니냐는 전 세계 날씨에 영향을 줘. 엘니뇨가 발생하면 미국이나 멕시코에는 비가 많이 오고, 아시아나 호주에는 가뭄이 올 수 있어. 반대로 라니냐가 발생하면 미국에는 가뭄이 오고, 아시아나 호주에는 비가 많이 올 가능성이 높아지지. 엘니뇨와 라니냐는 자연적인 현상이지만, 기후 변화로 인해 더 강해지고 자주 발생하고 있어. 식량이나 건강, 환경 등에 영향을 미치기 때문에 우리는 이 현상을 잘 알고 대비해야 해.

가 좋아질 수 있어!"

지호는 바다거북이 거절할까 봐 무척 걱정스러웠다. 결국 모든 것이 다 인간 때문인데 왜 자신이 도와야 하느냐고 물을까 봐 두렵기도 했다.

"내 등에 올라타. 태평양까지 태워다 줄게."

다행히도 바다거북은 흔쾌히 허락했다. 지호가 바다거북의 등에 올라타며 작게 중얼거렸다.

"고마워."

바다거북에게 미안해서라도 빨리 몬스터 카본이라는 녀석을 잡아야 했다. 바다거북은 빠르게 물살을 헤치며 나아갔다. 그 뒤로 제피로스가 나타나 슬그머니 바람을 불어 주었다.

한참 뒤, 저 멀리 드문드문 떠 있는 배들이 눈에 띄었다. 환경 연합의 녹색 깃발이 펄럭이는 배들이었다. 그 배들은 점점 바다거북에게 다가오더니 지호 일행을 빙 둘러쌌다.

어리둥절해진 지호는 혼잣말로 중얼거렸다.

'**플라스틱 섬?**'

지호는 아주 작게 되뇌었지만, 처음 자기소개를 한 여자는 지호의 말을 알아들은 모양이었다.

"전 세계 바다에 버려진 쓰레기들은 해류와 바람 때문에 한데 모이게 되는데, 이런 장소를 플라스틱 섬이라고 해. 쓰레기 섬이라고도 하지."

지호는 배 위를 둘러보았다. 플라스틱 섬 주민들은 바다거북의 등에 올라탄 지호가 신기한 눈치였다.

"어디서 왔니? 설마 바다거북을 타고 여기까지 왔니?"

그제야 지호는 자신이 아무렇지 않게 바다거북과 대화했다는 사실을 깨닫고 화들짝 놀랐다. 메이는 지호가 왜 놀랐는지 알고

메이의 환경 교과서

플라스틱 섬은 바다 위를 떠다니는 플라스틱들이 모여서 만들어진 섬이야. 플라스틱 섬이 만들어지면 그 주위에 사는 바다 생물들이 위험해져. 플라스틱 조각들을 먹이로 오해해서 먹을 수도 있고, 플라스틱 조각들 사이에 갇혀 죽을 수도 있어. 플라스틱 섬은 한곳에만 있지 않고 바람과 파도에 밀려 다른 지역으로 이동할 수 있어서 더욱 위험해.

있는 듯 이번에도 답을 알려 주었다.

"앙크를 갖고 있으면 동물들과 말이 통해."

"앙크? 그게 뭐야?"

메이는 아무 대답 없이 십자 지팡이가 걸려 있는 지호의 손목에 내려앉았다.

지호는 그제야 자신에게 일어난 일이 조금씩 이해되었다.

메이는 혀를 찼다.

"쯧, 이렇게나 상황 파악이 안 되어서야."

지호는 괜스레 입술을 삐죽였지만, 입가에 참을 수 없는 미소가 걸렸다. 특별해진 느낌에 우쭐하기도 했다.

"제가 동물들하고 말이 통하거든요. 바다거북아, 이분들께 손 한번 흔들어 줄 수 있니?"

지호의 부탁에 바다거북이 앞발을 내밀어 손을 흔들었다. 사람들은 "까악!" 탄성을 내질렀다. 바다거북은 손을 내리고 지호에게 이렇게 말했다.

"제발 바다에 쓰레기 좀 버리지 말아 달라고 전해 줘."

그때 메이가 지호의 귓가에 대고 속삭였다.

"이 사람들은 플라스틱 섬에 모인 쓰레기들을 청소하려고 모인 환경 연합 사람들이야."

지호는 침을 꼴깍 삼켰다.

"바다거북이가 바다를 청소해 주셔서 고맙대요."

사람들이 기분 좋게 웃었다. 겨우 적절한 말을 떠올린 지호는 가슴을 쓸어내렸다.

"껄껄. 별말씀을. 그나저나 너는 여기에 왜 온 거냐?"

지호는 도대체 어디에서부터 어떻게 설명해야 할지 알 수 없어서 그냥 솔직하게 말했다.

"저는 몬스터 카본을 잡아서 가이아 님에게 가야 해요."

환경 연합 사람들은 그게 무슨 말이냐는 듯 눈만 멀뚱거렸다. 지호는 자기도 이제 겨우 이해한 이야기를 남한테 제대로 설명할 자신이 없었다. 그때 메이가 지호의 귓가에 속삭였다.

"탄소 가스 이야기를 해! 이 사람들은 알아들을 거야."

지호는 용기를 내어 입을 뗐다.

"몬스터 카본은 대기에 탄소 가스를 엄청 많이 배출해요. 원래 나쁜 녀석은 아닌데, 요즘 덩치가 너무 커져서 문제래요."

사람들은 지호의 말에 여전히 의아한 표정이었다.

"그 몬스터 카본이라는 게 정확히 뭐니? 동물?"

지호는 말문이 막혔다. 몬스터 카본을 도대체 뭐라고 설명해야 하는 걸까?

"어…… 그러니까 말이죠……."

그 순간, 지독한 악취가 바람에 실려 왔다. 모두 코를 막고 콜록

콜록 기침을 했다. 메이는 날개로 얼굴을 감싸 쥐고 중얼거렸다.

"이게 웬 똥 냄새야?"

그 말에 지호의 머릿속에 무언가 번뜩 떠올랐다.

"몬스터 카본은 똥이 엄청 나요!"

벌떡 일어나며 지호가 외치자 사람들이 웅성거리기 시작했다.

"똥?"

지호는 빠르게 말을 이었다.

"여기에 오기 전에 탄소를 잔뜩 먹어서 여기에 쓰레기 똥을 쌀지도 모르겠어요. 하지만 걱정하지 마세요. 그 전에 제가 잡아갈게요. 깨끗한 바다에 쓰레기를 버리면 안 되잖아요!"

바다 쓰레기라는 말에 사람들이 소리쳤다.

"당연히 안 되지! 우리가 여기를 청소하느라고 얼마나 고생하는데!"

미심쩍어 하던 사람들의 태도가 완전히 바뀌었다. 사람들은 몬스터 카본이 사라진 위치부터 해류가 흐르는 방향 등을 일사분란하게 데이터로 분석하더니 지도 위의 한 지점을 가리켰다.

"아무래도 여기겠지?"

"바다 소금쟁이 영역이네. 설마 잡아먹힌 건 아니겠지?"

"어서 빨리 가 봅시다!"

지호랑 메이는 우르르 몰려가는 사람들의 뒤꽁무니에 서서 바다거북과 작별 인사를 했다.

"고마워. 잘 가!"

"아무거나 주워 먹지 마!"

바다거북은 고개를 끄덕이고는 곧 사라졌다.

지호는 환경 연합 회원들의 배에 올라탔다. 배는 물살을 가르며 앞으로 쭉쭉 나아갔다. 쓰레기가 섬처럼 있다니 매우 더러우리라 생각했는데, 바다는 의외로 깨끗해 보였다.

"이 일대 바닷속에는 눈에 보이지 않는 미세 플라스틱이 엄청 많아. 해양 생물들은 그게 플랑크톤인 줄 알고 먹지. 그런 해양 생물을 사람들이 먹으니, 인간 몸속에도 계속해서 미세 플라스틱이 쌓이고 있단다. 눈에 보이지 않는 미세 플라스틱은 정말 위험한데 말이지."

언제 왔는지, 지호 곁에 제피로스가 서 있었다. 지호는 깜짝 놀랐지만 티 내지 않았다.

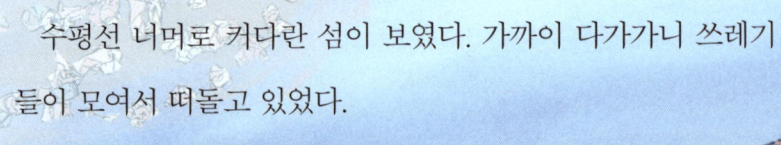

수평선 너머로 커다란 섬이 보였다. 가까이 다가가니 쓰레기들이 모여서 떠돌고 있었다.

쓰레기 더미의 규모가 너무 크고 빽빽해 물 아래가 보이지 않을 정도였다. 하지만 가까이 다가가니 배가 지나가는 물결에 따라 쓰레기들이 흩어졌다가 모이길 반복했다. 물 위로는 먼지처럼 보이는 긴 띠가 맴돌았다.

환경 연합의 사람들 중 하나가 섬을 만들어 낸 플라스틱 쓰레기는 약 1조 8000억 개이며 무게는 약 8만 톤인데, 태평양과 대서양 곳곳에 계속 이 같은 쓰레기 섬이 만들어지는 중이라고 알려 주었다.

"여기야. 이 섬을 돌아다니며 샅샅이 찾아봅시다."

환경 운동가들은 잠수복을 입고 물속을 들어가기도 하고, 일부는 구획을 나누어 작은 보트로 구석구석 헤집고 다녔다.

몬스터 카본을 찾는 방법은 간단했다. 몬스터 카본이 지나간 자리마다 탄소 발자국, 즉 이산화탄소가 기포처럼 솟아올랐기 때문이다. 메이와 지호는 배 위에서 발을 동동 구르며 환경 운동가들이 수색 작전을 펼치는 모습을 바라보았다.

자원 순환

자원 순환이란 인간이 사용한 물건이나 음식물 등이 쓰레기로 버려지지 않고, 새로운 자원으로 다시 활용되는 것을 말해.

🍃 자원 순환이란?

버려진 종이를 재활용하면 새로운 재생지로 만들 수 있어. 마찬가지로, 음식물 쓰레기를 분해하여 비료로 만들면 농사에 쓸 수 있지. 이렇게 자원이 순환되면 자원 낭비를 막을 수 있겠지? 물건과 음식물을 버리기 전에 가능한 한 재활용하고, 가능한 것은 분해하여 자원 순환에 기여하는 것이 중요해.

🍃 자원 순환을 위한 실천과 노력

자원을 아끼고 지구를 보호하기 위한 노력을 소개할게.

용기 내 캠페인 ✓

어떤 물건을 살 때 비닐이나 일회용 포장 용기 대신, 재사용 용기에 물건을 담도록 하는 캠페인이야. 식당에서 음식을 포장할 때 특히 유용하겠지? 이 캠페인에는 '용기 내고 물건을 받아 간다'와 '용기를 잃지 말고 힘을 내 달라'는 두 가지 의미가 함께 담겨 있어.

플라스틱 방앗간 ✓

'버려진 플라스틱을 새로운 제품으로 만들자.'

플라스틱 쓰레기를 모으고, 부수고, 제작하는 과정을 통해 새로운 제품을 만드는 가게야. 버려진 플라스틱으로도 여러 가지 물건을 만들 수 있어.

재활용 분리배출 ✓

생활 속 작은 행동으로도 자원 순환을 실천할 수 있어. 아래는 재활용 분리배출 시 확인해야 할 내용이야.

- 물에 젖지 않은 상태입니까?
- 스프링, 테이프 등을 종이에서 분리했나요?
- 은박지, 코팅 종이가 섞여 있지는 않나요?

- 내용물을 비우고 물로 헹구었나요?
- 빨대, 비닐 등 종이팩이 아닌 것을 분리했나요?
- 일반 종이와 섞이지 않게 종이팩 전용 수거함에 넣었나요?

- 내용물을 비우고 캔을 깨끗하게 씻었나요?
- 플라스틱 뚜껑 등 다른 재질은 분리했나요?

- 내용물을 비우고 캔을 깨끗하게 씻었나요?
- 유리병이 깨지지 않도록 조심스럽게 배출했나요?

(출처: 환경부 재활용품 분리배출 가이드라인)

새로운 생태계를 지켜라!

★ 제피로스의 돋보기 ★
지구를 지키는 먹거리

'몬스터 카본을 찾을 수 있을까?'

지호는 걱정스럽게 주변을 둘러보았다. 그때, 섬 주변을 날아다니던 메이가 쓰레기 더미 주변에서 무언가를 콕콕 찍어 댔다.

"뭐 하는 거야?"

"소금쟁이를 잡고 있어!"

메이가 팔다리가 가느다란 회색 곤충을 잡아 왔다.

"바다에도 곤충이 있어?"

지호의 반응에 제피로스가 빙긋 웃으며 말했다.

"바다 소금쟁이는 유일하게 바다에 서식하는 곤충이지. 멸종 위기를 맞은 다른 생물들과는 달리 쓰레기 섬의 유기물 덕분에 번식이 늘어나고 있단다."

생태계란 정말 놀라웠다. 아무도 살 수 없을 듯한 척박한 환경 속에서도 끈질기게 살아가는 생명이 있다니.

"자연이란 정말 대단하군요."

지호의 감탄에 메이가 무덤덤하게 대꾸했다.

"그런 놀라운 생명력을 인간은 한순간에 초토화시켰어. 지난 50년 동안 멸종 생물의 98퍼센트가 인간 때문에 사라졌다고."

지호는 뭐라고 대답해야 할지 몰라서 입을 다물었다. 지호의 반응 따위 아랑곳없다는 듯 메이가 심드렁한 말투로 말을 이어 나갔다.

"보석 달팽이, 하와이 꿀풍금조, 코끼리새, 검은코뿔소, 양쯔강 돌고래, 자바코뿔소, 자바 호랑이, 바다사자. 어디 그뿐인가?

메이의 환경 교과서

생태계란 여러 생물이 서로 어우러져 살아가는 자연환경을 가리켜. 모든 지구 생물과 물, 공기, 땅 등과 같은 것들이 연결돼서 생태계를 만들지. 생태계는 민감하기 때문에 작은 행동 하나하나에 영향을 받을 수 있어. 예를 들어, 쓰레기를 마구 버리면 땅과 물이 오염되어 생물들이 살아가기 어려워지겠지?

지금도 멸종으로 가고 있는 위기종도 많지. 양쯔강 악어, 아시아 치타, 유럽 뱀장어, 쌍봉낙타, 상괭이, 검독수리……. 게다가 생태계에서 아주 중요한 역할을 하는 **꿀벌도 멸종 위기종**이 되었지."

지호는 작지만 힘 있는 목소리로 말했다.

"요즘은 과학자들이 사라진 동물들을 복원하기 위해 노력하고 있대."

메이가 우울한 목소리로 다시 입을 열었다.

"그게 다 무슨 소용일까? 사실 동물 멸종보다 더 위험한 게 식물의 멸종이야. 유전적 다양성을 포기하고 한 가지 품종만 재배하는 건 몹시 어리석은 짓인데 말이야. 전염병이 돌면 너희가 즐겨 먹던 바나나도 순식간에 사라질 수 있어."

메이의 환경 교과서

꿀벌은 꿀을 모으면서 꽃가루를 옮겨. 꿀벌 덕분에 많은 꽃이 자손을 퍼뜨릴 수 있었지. 하지만 최근에는 기후 변화와 함께 꿀벌도 멸종 위기에 처했어. 인간은 꿀벌을 보호하고, 꽃들을 보호하는 노력을 계속해야 해. 꿀벌이 인간 생태계에 계속 기여하도록 말이야.

지호도 들어본 적이 있었다. 현존하는 바나나는 단 하나의 품종(캐번디시)인데, 바나나 암이라고 불리는 전염병 때문에 사라질지도 모른다는 이야기 말이다. 다행히 바나나 암은 막았지만, 앞으로 바나나 품종을 다양하게 키우지 않으면 유전적으로 치명적인 전염병 때문에 멸종할 수 있다고 했다.

"자연 상태의 생물은 여러 유전자가 끊임없이 섞이며 풍부한 유전자 다양성을 확보해야만 하는데, 정말 걱정이다."

메이의 말에 지호는 풀이 죽었다. 메이는 그런 지호 옆에서 위아래로 파닥거리며 덧붙였다.

"논에는 오로지 벼밖에 자라지 않아. 풀은 벼의 영양분을 뺏어가기 때문에 잡초라는 이유로 모조리 뽑아버리지. 땅에서 한 가지 생명체만 자라는 것은 자연스러운 일이 아니야. 물론 그게

메이의 환경 교과서

지구에는 **멸종 위기종**들이 있어. 이런 동물들은 인간의 활동 때문에 서식지가 파괴되어 더 이상 살 수 없게 되기도 해. 멸종 위기 동물을 보호하기 위해 서식지도 보호하고, 인간과 동물 사이의 충돌도 줄여야 해. 그래야 생태계의 균형을 유지할 수 있어.

농사라는 것은 나도 알지만……."

메이가 말끝을 흐리자 제피로스가 메이의 말을 이어받았다.

"그게 인간의 문명이지."

메이는 정말 궁금하다는 투로 물었다.

"문명의 발달은 왜 늘 자연계의 파괴로 이어졌을까요? 생존 때문이었을까요? 사실 생존이라는 것도 어려운 선택이긴 했을 거예요. 개는 인간과 함께하는 삶을 택해 살아남았고, 붉은 늑대는 야생의 삶을 살아가다 멸종됐잖아요."

메이는 잠시 말을 멈추고 지호를 바라보았다.

"지호야, 붉은 늑대는 한때 가축의 삶을 택한 개를 비웃었어. 하지만 사라지는 게 자신들일 거라고는 절대 생각 못 했겠지? 과연 늑대와 개 중 누가 더 지혜롭게 진화한 동물일까?"

메이는 지호에게 대답할 틈도 주지 않고 되물었다.

"그게 붉은 늑대의 잘못일까? 인간은 왜 늑대든 호랑이든 자연계에 그대로 놓아두지 않는 거지? 무서워서? 아니면 눈앞의 이익에 눈이 멀어서? 이유가 대체 뭘까?"

제피로스는 메이의 말을 들으며 손가락으로 배 위 난간을 톡 툭 두들겼다. 그래서인지 어마무시한 내용과 달리 메이의 목소리는 감미롭다 못해 마치 노래하는 것처럼 들렸다.

"그런데 말이야, 이제 인간이 죽을 순서가 되었네."

이 말을 마지막으로 남기고 메이는 포르르 날아가 버렸다. 지호는 메이가 한 말의 의도를 짐작조차 할 수 없었다. 다른 동물들이 살아남을 수 없는 환경이라면 결국 인간도 살 수 없다고 말하는 걸까?

제피로스도 지호도 잠시 아무 말도 하지 않은 채 조용히 시간만 흘렀다.

그때 저 멀리 날아간 메이가 쓰레기 더미를 휘저으며 "구구 구구"거리는 울음소리를 냈다. 그런 메이를 가만히 바라보던 제피로스가 지호에게 물었다.

"그런데 너는 저 새가 뭔지 알고는 있니?"

"메이 말이에요?"

제피로스가 끄덕였다. 지호는 고개를 갸웃했다.

"메이 말로는 신들의 심부름꾼이라고 하던데요."

"아니, 내 말은 저 새가 어떤 종인지 아느냐고."

지호는 질문의 의도를 파악할 수가 없었다. 요리 보고 조리 봐도 비둘기인데, 무슨 새인지 아느냐니.

"비둘기 아니에요?"

제피로스가 피식 웃었다.

"그래 뭐, 비둘기는 비둘기지."

지호는 무슨 소리인가 싶어 제피로스를 빤히 바라보았다. 제피로스가 여전히 메이를 바라보며 말을 이었다.

"메이는 멸종된 비둘기이야. 여행비둘기, 혹은 나그네비둘기라고도 불렸지."

깜짝 놀란 지호가 되물었다.

"멸종됐다고요? 여행비둘기는 다른 비둘기들이랑 뭐가 다른데요?"

물론 지호도 공원에서 흔히 볼 수 있는 비둘기들과 메이의 생김새가 조금 다르다고 생각하기는 했다. 몸도 훨씬 날렵하고 목덜미와 가슴의 털 색깔도 달랐으니까. 그래도 멸종된 비둘기가 있다니, 믿기지 않았다.

"그럼 메이 같은 비둘기는 전 세계에 하나도 없어요?"

제피로스가 고개를 끄덕이며 천천히 입을 떼었다.

"그래, 그래서 신들의 심부름꾼이 될 수 있었단다. 멸종된 동물들, 그리고 곧 사라질 동물들도 신들의 동물원에 가거든. 신들은 그들이 잊히지 않게 하려고, 그들을 기억하기 위해서 동물원을 만들었어. 처음에는 신들의 권위를 나타내는 작은 동물원이었지. 제우스의 독수리라든가, 헤라클레스의 사자 같은 동물들이 있었어. 그런데 이제는 멸종한 동물들을 기리고, 멸종 위기종 동물들을 보호하는 곳으로 바뀌었구나."

지호는 제피로스의 눈치를 살폈다.

"신의 형상대로 만든 인간이라서 그런 건지, 인간들이 신을 모셔서 그런 건지…… 신들이 하는 행동도 인간과 비슷하지. 동물원에서 신들의 보살핌을 받는 동물들 중에는 가끔 메이처럼 심부름을 나오는 녀석도 있고 말이야. 메이 녀석, 바깥세상으로 나왔다고 아주 신났네, 신났어."

파르르 물살을 가르며 날아다니고 쓰레기 더미 위를 제 둥지처럼 파고드는 메이를 보며 제피로스가 말했다. 그 모습을 지켜보는 지호의 가슴이 어쩐지 쿵쿵 뛰었다.

"그런데 메이네 종…… 그러니까 여행비둘기는 어쩌다가 멸종했어요?"

지호의 질문에 제피로스는 집게손가락으로 턱 아래를 긁적였다. 어디서부터 어떻게 설명해야 할지 고민하는 눈치였다.

"여행비둘기는 이름 그대로 장거리 비행을 하는 철새였어. 그러다 보니 가슴 근육이 발달해서 인간들이 먹기에 무척 맛있었다고 하더구나. 개체 수가 워낙 많아서 그들이 멸종되리라고는 어떤 인간도 상상하지 못 했지. 하늘을 향해 그냥 돌을 던져도 맞아서 떨어질 만큼 그 숫자가 많았거든. 그들이 한 번 이동할 때마다 하늘이 검게 뒤덮이고, 날갯짓 소리에 귀가 따가울 정도였지."

그렇게 많던 여행비둘기를 인간들이 다 잡아먹었다니, 지호는 믿을 수가 없었다. 마치 사람들이 치킨을 너무 많이 먹어서 닭이 멸종되었다는 이야기처럼 들렸기 때문이다.

"문제는 통조림이었어. 노동자들의 식량으로 비둘기 통조림이 보급되면서 사람들은 무분별하게 여행비둘기를 잡아들였고, 심지어는 이불과 베개에 넣을 깃털을 얻겠다고 잡아들이기도 했어. 한때 여행비둘기를 보호하는 법을 만들려고 했지만, 개체수가 워낙 많으니까 인간들은 여행비둘기가 절대 멸종하지 않으리라 생각했지. 결국 법안은 통과되지 못했고, 거기다 그들의 거주지였던 숲의 나무들을 마구 베어 버리는 바람에 갑작스럽게 멸종된 거야."

지호는 얼굴이 발개졌다. 너무 미안해서 메이를 쳐다볼 수도 없었다. 화단에서 처음 만났을 때 메이가 중얼거린 '통조림'이란 단어가 떠올랐다.

'얼마나 트라우마로 남았으면…….'

그때 섬 뒤편에서 사람들의 목소리가 들려왔다.

"여기다!"

지호는 서둘러 소리 나는 쪽으로 갔다. 하늘로 꼿꼿이 솟은 몬스터 카본의 몸통에 바다 소금쟁이들이 다닥다닥 붙어 있었다. 바다 소금쟁이들은 몬스터 카본의 체액을 빨아들이고 있었다. 메이가 소리쳤다.

"소금쟁이들 좀 털어 내 봐! 이러다 몬스터 카본이 죽겠어!"

그러나 공포에 질린 사람들은 소리를 질러 댔다.

"그렇소. 지금 저 생물체를 죽인다면 경제적 이익을 이유로 많은 생물의 서식지를 파괴하고 멸종시켜 온 자들과 지금 우리가 뭐가 다르겠습니까?"

다들 난생처음 본 거대한 생물에 눈을 떼지 못하며 수군댔다.

"쓰레기 섬에서 발견된 거대한 생물체라니. 정말 놀랍군!"

"진짜 이런 바다 괴물이 있었다니!"

어떤 사람은 장난기 가득한 목소리로 외쳤다.

"설마, 혹시 용 아닌가? 불을 내뿜는 건 아니겠지?"

또 다른 누군가가 크게 외쳤다.

"새로운 생명체의 출현이야! 생태계의 반응을 알아봐야 해!"

지호는 의아했다.

'쓰레기밖에 없는 섬에 무슨 생태계가 있다는 거지?'

지호의 생각을 읽기라도 한 듯 제피로스가 손으로 어딘가를 가리켰다.

"저기를 보렴. 새로운 생태계가 만들어지고 있으니까."

제피로스가 가리킨 곳에는 플라스틱 음료수 병 하나가 둥둥 떠다니고 있었는데, 따개비가 다닥다닥 붙어 있었다. 그 아래에는 말미잘, 불가사리, 홍합, 새우와 해초 들이 보였다. 작은 물고기들도 간간이 보였다.

지호는 쓰레기 섬의 새로운 생태계를 보며 중얼거렸다.

"모든 생물은 어떻게든 열심히 살아가는군요."

그런데 문득 궁금증이 들었다.

"몬스터 카본은 어떻게 사람들 눈에 보이는 건가요? 저는 제가 앙크를 가지고 있어서 보이는 줄 알았는데……."

제피로스는 별일 아니라는 듯 대꾸했다.

"소금쟁이들이 몬스터 카본에 붙어 버리는 바람에 다른 인간들의 눈에도 보이게 된 거야."

지호는 또 다른 궁금증이 일었다.

"저 소금쟁이들은 왜 몬스터 카본의 몸에 붙어 있는 거죠?"

어느새 지호 곁으로 돌아온 메이가 제피로스 대신 답했다.

"이게 생태계의 반응인 거겠지."

메이는 신기하다는 듯 중얼거렸다.

"소금쟁이가 몬스터 카본을 없애고 있나 봐. 마치 미생물들이 거대한 육식 동물을 분해하여 자연으로 돌려보내는 것처럼 말이지. 저 녀석 덩치가 너무 커지면 자신들의 생태계를 파괴할 거라는 걸 본능적으로 아는 거겠지. 아, 물론 소금쟁이는 분해를 담당하는 미생물이 아니라 곤충이긴 하지만."

지호는 밧줄을 꽉 움켜잡았다. 몬스터 카본의 몸에 다닥다닥 붙어 있는 바다 소금쟁이들이 징그러웠지만, 몬스터 카본을 꼭 잡아야만 했다. 그러는 사이, 몬스터 카본의 덩치는 계속해서 줄어들고 있었다. 소금쟁이들에게 체액을 쪽쪽 빨아 먹히고 있었기 때문이다.

메이가 지호에게 말했다.

"뭐 해? 어서 밧줄을 날려!"

"어? 어!"

퍼뜩 정신을 차린 지호는 밧줄을 빙빙 돌렸다.

휙!

요란하게 날아간 밧줄은 텅 소리와 함께 몬스터 카본의 몸통에 걸렸다.

"성공이다!"

지호의 외침과 동시에 메이가 날아올라 발톱으로 몬스터 카본을 꽉 움켜쥐었다.

"어, 어! 어?"

지호는 밧줄에 매달린 채로 공중으로 휙 떠올랐다.

"꽉 잡아!"

메이가 외쳤다.

"제피로스 님, 저희를 가이아 님께 보내 주세요!"

마치 눈이 내리듯 바다 소금쟁이들이 바다로 우수수 떨어져 내렸다.

지구를 지키는 먹거리

이번 시간에는 지구를 지키는 먹거리에 대해 알아보자.

🌱 음식으로 지구를 지키는 방법, 친환경 먹거리

친환경 먹거리에 대해 들어봤니? 친환경 먹거리는 환경에 영향을 적게 주는 식품들을 가리켜. 이것들은 환경을 보호하기 위해 특별한 방법으로 만들어진 단다. 예를 들면, 친환경 농장에서는 화학 비료나 농약을 사용하지 않고, 유기농 방식으로 작물을 재배해. 이렇게 하면 땅과 물이 오염되지 않거든. 또한 친환경 먹거리는 유전자 조작을 하지 않고 인공적으로 색을 입히지 않아 인간 몸에도 더 좋아. 친환경 먹거리로는 유기농 식품과 지역에서 생산된 식품(로컬 푸드)이 있어.

🌱 친환경 먹거리의 대표, 유기농 식품

유기농은 식품 재배와 가공 과정에서 화학 비료, 살충제, 항생제 등을 사용하지 않고, 자연의 원리를 활용하여 건강하고 안전한 농산물을 생산하는 방식이야. 화학 비료나 살충제를 사용하지 않아서 땅과 식물, 그리고 농부와 소비자 모두에게 좋아. 화학 비료와 살충제는 농작물을 빨리 성장시키고 병충해로부터 보호하지만, 과일이나 채소 등에 남아 있는 해로운 물질들이 사람의 몸에 나쁜 영향을 줄 수 있거든. 유기농 방식은 화학 비료나 살충제를 사용하지 않기 때문에 농작물이 성장하는 데 더 많은 시간과 노력이 필요하지만, 화학 물질이 없어서 건강에도 땅에도 좋아.

다양한 친환경 농산물 인증마크가 있습니다.

🌱 음식물 남기지 않기, 음식으로 지구를 지키는 또 다른 방법

우리나라는 매년 음식물 쓰레기 처리에 매우 많은 돈을 쓰고 있어. 음식물 쓰레기의 양도 매년 늘어나고 있지. 음식물도 모두 소중한 자원이기 때문에 버려지는 음식물이 많은 것은 환경에 좋지 않아. 그러니 음식물을 남기지만 않아도 환경을 지킬 수 있겠지? 먹을 만큼 조리하고, 남기지 않으려 노력하는 것은 인간이 생활 속에서 가장 쉽게 실천 가능한 환경 보호 방법이야.

지구를 위협하는 범인들

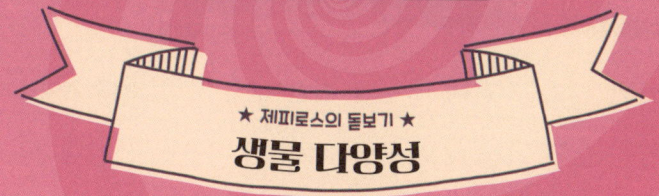

★ 제피로스의 돋보기 ★
생물 다양성

가이아 님의 동물원에 도착한 메이는 몬스터 카본을 발로 움켜쥐고 어디론가 사라졌다.

"금방 돌아올게! 잠깐 동물원 구경하고 있어!"

하지만 지호는 전혀 구경할 마음이 들지 않았다. 여기 있는 동물들이 모두 인간 때문에 멸종했다니 마음이 불편했다.

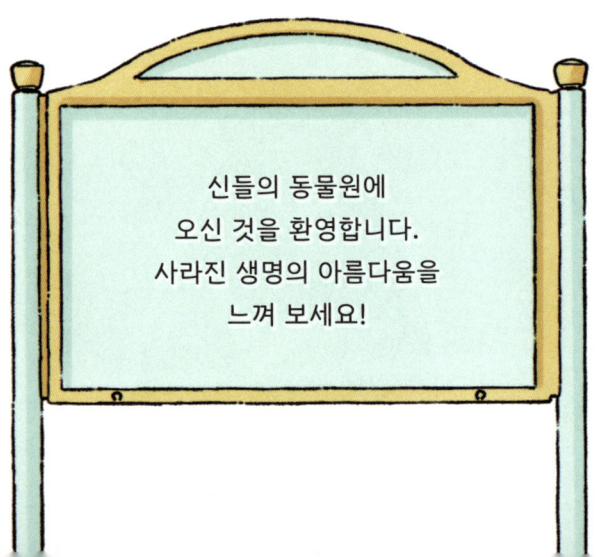

그때 경쾌한 음악과 함께 안내 방송이 흘러나왔다.

"곧 멸종 열차가 들어옵니다. 승객 여러분은 탑승을 준비해 주시기 바랍니다."

코뿔소 모양의 열차를 운전하는 동물은 귀여운 레서판다였다. 레서판다는 지호를 위아래로 훑어보며 다가왔다.

"너도 동물원에 들어가니?"

당황한 지호는 어떻게 대답해야 할지 몰라 어물거렸다.

"어? 그게, 그러니까……."

레서판다가 답답하다는 듯 되물었다.

"탈 거야? 말 거야?"

지호는 이렇게 기다리게 해 놓고 안 탄다고 말할 수 없었다.

"탈게!"

그제야 레서판다가 고개를 끄덕였다.

"그럼 얼른 타!"

지호는 다른 동물들의 눈치를 보며 슬그머니 열차 뒤편에 올라탔다. 멸종 열차에는 이미 많은 동물이 타고 있었는데, 그중 특히 수리부엉이와 수달, 반달가슴곰이 지호를 힐끔거렸다.

수리부엉이는 혼잣말처럼 중얼거렸다.

"그래도 인간은 인류세의 대표종이잖아. 아직 인류세가 끝난 것도 아닌데, 왜 여기 있느냐는 거지."

반달가슴곰이 고개를 갸웃했다.

"그 많던 인간이 드디어 다 죽었나?"

동물들의 모든 대화를 알아들은 지호의 얼굴은 벌겋게 달아올랐다. 지호의 표정을 본 동물들도 뭔가 이상하다는 생각이 들었는지 일제히 입을 다물었다.

열차가 동물원 안으로 진입하자 레서판다가 잠시 운전대에서 손을 떼고 말했다.

"먼저 멸종 열차를 타시게 된 여러분께 심심한 위로의 말씀을 전합니다. 잠시 먼저 간 친구들을 위해 묵념하겠습니다."

동물원이 아니라 장례식장으로 들어가는 분위기였다. 지호는 눈을 감고 진지한 마음으로 지구에서 사라진 동물들을 위해 묵념했다.

"이어서 안내 말씀드리겠습니다. 동물원 사무실로 들어가면 일단 멸종 위기종 등록부터 해 주세요. 그다음으로 동물원을 둘러보시고 앞으로 거주할 지역을 골라 주세요."

멸종 위기종 등록을 하라고? 나도 해야 되나? 지호는 열차에 탄 동물들을 둘러보았다. 수리부엉이, 수달, 반달가슴곰. 모두 멸종 위기종이었다. 판다의 안내는 계속 이어졌다.

"마지막 개체가 아니더라도 DNA 표본 채취가 예정되어 있습니다. 다음 세대를 위한 일이니까 적극 협조 부탁드립니다."

누군가 걱정스럽게 읊조렸다.

"과연 다음 세대라는 게 있을까?"

잠시 침묵이 흘렀으나 얼마 지나지 않아 동물들은 다시금 수다를 떨기 시작했다. 수달이 반달가슴곰에게 말했다.

"반달가슴곰아, 너는 산으로 갈 거지? 난 물고기가 많은 강으로 갈 거야. 맑은 물이 흐르는 곳으로."

반달가슴곰은 수달에게 농담처럼 대꾸했다.

"나는 당연히 산으로 가야지. 그런데 수달, 너는 강보다 물고기가 가득 찬 횟집이나 수족관 근처가 더 좋지 않겠니? 하하하."

수달은 심통이 난 듯 코를 벌렁거렸다.

"하나도 안 웃겨!"

그러고는 옆자리에 앉은 수리부엉이에게 물었다.

"수리부엉이야, 근데 너는 어쩌다가 사라지게 된 거야?"

수리부엉이가 입을 열기도 전에 반달가슴곰이 끼어들었다.

"쥐약 먹은 쥐를 먹은 게지. 예전에 인간들이 쥐 잡는다고 약을 엄청 뿌렸거든. 독약을 먹고 쥐들이 쓰러진 걸 바보 같은 녀석이 냉큼 낚아채 갔지. 그때 개체수가 확 줄었을걸. 그뿐만이 아니지. 아파트랑 공장이 계속 들어서면서 서식지 파괴가 이어지는데 어떻게 예전처럼 개체 수가 회복되겠어?"

반달가슴곰의 말에 수리부엉이 머리에 난 깃털이 파르르 떨렸다. 화가 나지만 꾹 참는 듯했다. 반달가슴곰은 지호를 힐끗 돌아보더니 비아냥거렸다.

"그러고 보면 인간들은 재주도 참 좋아. 쥐는 못 없애도 쥐를 잡아먹는 수리부엉이랑 여우는 없애 버렸잖아. 도대체 쥐를 없애겠다는 거야, 더 많이 늘리겠다는 거야?"

그때 메이가 날아와 지호의 어깨에 앉았다.

"여기서 뭐해?"

지호는 어물어물 대답했다.

"동물원에 들어가는 중이야."

메이는 답답하다는 듯 날개로 가슴을 팡팡 쳤다.

"너, 바보니? 이 열차는 곧 사라질 운명에 처한 동물들이 타는 열차야. 인간은 아직 이 열차에 탈 때가 아니야."

메이의 말에 레서판다가 뒤를 돌아보고는 열차를 세웠다.

"인간이 벌써 열차에 올라타다니, 어쩐지 이상하다고 생각했습니다. 하여튼 인간들은 제멋대로군요. 어서 내리세요!"

지호는 얼떨떨한 표정으로 열차에서 내렸다. 수달이 아쉽다는 듯 손을 흔들며 말했다.

"뭐, 서운해할 것 없어. 인간들도 곧 이 열차를 탈 테니까."

반달가슴곰이 맞장구치며 이기죽거렸다.

"그럼, 그럼. 곧 다시 보자고! 얼마 안 남았어!"

저 멀리 사라져 가는 멸종 열차의 뒤꽁무니를 말없이 바라보던 지호는 갑자기 울컥해서 주먹을 휘둘렀다.

"우리는 사라지지 않을 거야. 문제를 해결할 거라고, 반드시!"

메이가 푸드덕거렸다.

"좋은 자세야. 아직 시간이 좀 남았는데, 여기까지 온 김에 동물원 좀 둘러볼래?"

길가에 세워진 동물원 안내판은 육식 동물계, 초식 동물계, 조류, 수생 생태계 등으로 구역이 나뉘었다. 안내판을 물끄러미 바라보던 지호는 고개를 절레절레 흔들었다.

"나 이제 정말 집에 가고 싶어. 몬스터 카본도 잡았잖아. 약속대로 어서 돌려보내 줘."

메이가 슬그머니 눈길을 피하면서 말했다.

"신들의 회의실은 중앙 동물원 구역에 있어. 어차피 시간의 포털도 회의장에 있으니까, 일단 그쪽으로 가자."

지호는 한숨을 내쉬었다.

"하, 알았어. 가자."

지호의 어깨에 메이가 포르르 내려앉았다. 지호가 동물원을 가로지르자 주변에서 하나둘 동물들이 나타나기 시작했다. 그들은 지호를 신기한 듯 바라보았다. 멸종된 동물들은 인간인 지호가 신기한 듯 구경하며 지호와 메이의 뒤를 졸졸 따라왔.

뒤따르는 행렬에는 물소, 코끼리, 호랑이, 가젤, 산양, 승냥이, 개구리, 두꺼비 등이 보였다. 힐끗 뒤를 돌아본 지호가 메이에게 속삭였다.

"여기 멸종된 동물만 있다고 하지 않았어? 두꺼비, 개구리는 지금도 있잖아. 호랑이나 코끼리도 그렇고……. 그런데 다들 덩치가 어마어마하게 크네."

지호의 말에 메이는 콧방귀를 뀌었다.

"개구리라고 다 같은 개구리냐? 그럼 둘 다 영장류니까 인간도 유인원이랑 똑같은 거겠네?"

메이의 타박에 지호의 얼굴이 확 붉어졌다.

"하나로 다 퉁 치지 마. 코끼리도 아프리카사바나코끼리랑 보르네오코끼리가 다르다고. 물론 둘 다 멸종 위기이지만."

지호는 안타까운 마음으로 물었다.

"그럼 저 개구리도 멸종된 거야?"

"응. 세계에서 가장 덩치 큰 개구리였던 골리앗개구리도 이미 멸종했지."

그냥 비둘기처럼 보이는 메이도 알고 보면 여행비둘기다. 종이 다르면 다른 동물인 것이다. 지호는 심란해졌다. 지구상에는 얼마나 많은 호랑이가 있었을까? 아직 남아 있는 호랑이는 몇

종이나 될까? 수생 생물계로 들어가면 또 멸종된 온갖 물고기들이 몰려오겠지? 곤충들은 또 얼마나 많이 멸종했을까? 멸종 열차를 기다리는 줄이 얼마나 길어질까?

지호의 어깨가 점점 처지자 메이는 한숨을 내쉰 뒤, 따라오는 동물들에게 소리를 버럭 질렀다.

"왜 따라오는 거야? 저리 가라고!"

하지만 동물들은 들은 척도 하지 않았다. 마치 시위라도 하듯 계속 지호를 따라왔다.

"어휴, 참!"

메이가 투덜대며 성질을 부린 뒤 날개를 활짝 펼쳤다. 곧이어 지호는 메이에게 어깨를 붙잡혀 하늘로 붕 날아올랐다. 그렇지만 공중에는 멸종된 새들이 있었다. 황새, 붉은머리독수리, 박새가 메이의 뒤를 따라 날아왔다. 메이가 외쳤다.

"어차피 신들의 회의장으로 간다고. 따라오지 마!"

메이는 더욱 빠르게 날아갔다. 지호는 메이에게 대롱대롱 매달린 채, 지구상에서 사라져 버린, 또 사라질 위기에 처한 동물들을 보며 침묵에 잠겼다.

털썩!

메이가 지호를 떨어뜨렸다.

"으아악!"

지호는 소리를 내지르며 원탁 위로 떨어졌다. 곧이어 메이가 탁자 위로 내려앉으며 공손하게 머리를 조아렸다.

"신들의 심부름꾼 메이, 명령대로 지구를 위협하는 범인들을 잡아 왔습니다!"

탁자 위에는 지호 말고도 어느새 덩치가 작아진 몬스터 카본이 있었다. 지호는 힐끗 몬스터 카본을 쳐다보았다. 몬스터 카본은 여기가 어디인지 모르는 듯 아주 태평해 보였다. 지호는 입술을 깨물며 주변을 둘러 보았다.

탁자는 말도 안 되게 넓은 데다 뭉게구름 위에 놓여 있었다. 자칫 구름을 밟았다간 허공으로 떨어질 것이 뻔했다. 아마도 여기가 동물원 중심에 있다는 신들의 회의장인 듯했다. 탁자 주변에는 기이한 모습의 신들이 빙 둘러앉아 있었다.

'메이가 말한 인류세의 신들인가?'

지호는 눈을 내리깐 상태로 신들의 모습을 훔쳐보았다. 머리가 동물인 신이 있는 반면, 꽃처럼 생긴 신도 있었다. 생김새야 어쨌든 다들 기세가 대단했다.

"이 녀석이 범인이군!"

이게 무슨 말이지? 지호는 정신이 번쩍 들었다.

"기후 변화의 범인은 제가 아니라 몬스터 카본이에요!"

지호의 항변에도 신들의 눈초리는 누그러지지 않았다. 지호는 여기서 범인으로 찍히면 어쩐지 집으로 무사히 돌아가지 못할 것만 같아 불안해졌다.

"저는 오히려 몬스터 카본을 잡는 데 도움을 줬다고요. 메이, 말 좀 해 봐! 너는 내가 저 녀석을 잡으려고 얼마나 고생했는지 알잖아!"

메이는 대꾸 없이 고개만 휙 돌렸다. 지호는 황당해서 발을 굴렀다.

"야! 너 정말!"

메이는 고개를 돌린 상태로 중얼거렸다.

"넌 이 자리에 인간 대표로 참석한 거야."

그때 인류세의 신들 중 하나가 버럭 소리를 질렀다.

"무엄하다!"

신의 호통에 지호가 깜짝 놀라 눈을 내리깔았다. 그때 농업의 신이 지호의 편을 들어 주었다.

"사실 지구의 온도는 오래전부터 꾸준히 올라왔습니다."

지호는 속으로 안도의 한숨을 내쉬었다.

'그럼요! 모두 인간의 잘못 때문만은 아니라고요!'

하지만 곧바로 논리의 신이 이렇게 대꾸했다.

"말씀하신 대로 지구의 온도는 꾸준히 올라왔지만, 만 년 동안 겨우 1도 오른 수준이었습니다. 하지만 산업 혁명 이후에는 어떻게 되었지요? 한 세대 만에 급격하게 1.5도나 올랐어요. 여기서 0.5도만 더 올라간다면 그때는 완전히 끝입니다."

인류세의 신이라고 모두 인간에게 호의적인 것은 아닌 게 확실했다. 지호는 시무룩해졌다. 그때 과학의 신이 탁자 위에 놓인 보고서를 펼치며 말했다.

"인간들도 최근 **기후 비상사태 선언**을 했다지요."

'그래요, 인간도 열심히 노력하고 있다고요!'

지호는 속으로 외치며 열심히 고개를 끄덕였다. 과학의 신이 계속 말했다.

"인간들에게는 아직 기회가 있습니다."

그러자 예지의 신이 탁자를 탁 내려쳤다.

"그렇다고 그들의 죄를 묻지 않을 수는 없소! 인간이 멸종시킨 생물이 얼마나 많은지 아시오? 지금도 많은 종이 사라져 가고 있소! 그냥 깔끔하게 인간도 사라지게 합시다."

'이게 무슨 끔찍한 소리람!'

여긴 신들의 회의장이 아니라 마치 재판정 같았다.

메이의 환경 교과서

기후 비상사태 선언이란 지구의 기후가 너무나도 많이 변화해서 인간 생활에 나쁜 영향을 주고 있다는 것을 깨닫고, 이를 막기 위해 정부와 많은 사람이 나서서 노력하는 것을 말해. 기후가 너무 많이 달라지면 산불, 가뭄, 폭우가 심해지거든. 이에 많은 나라에서 기후 비상사태 선언을 하고, 환경 문제를 예방하고 해결하려고 노력하고 있어.

지호는 재빨리 끼어들어 인간을 변호했다.

"인간들도 지금은 생태계를 지키기 위해 엄청 노력하고 있어요! 바다 소금쟁이도 불태워 죽이지 않고 그냥 내버려 두었다고요. 제가 바다거북의 콧구멍에 꽂힌 빨대도 빼 주었어요!"

논리의 신이 콧방귀를 뀌었다.

"그딴 게 무슨 소용일까? 너, 바다거북이 태어날 때 온도가 30도 이상이면 무슨 일이 벌어지는지 알아?"

지호는 바다거북과 온도가 무슨 상관인가 싶어 눈이 동그래졌다.

"바다거북은 태어날 때 온도가 30도에서 35도 사이면 암컷이 되고, 20도에서 22도 사이면 수컷이 되지. 그러니 온도가 올라가면 천 마리가 태어나도 수컷이 한 마리도 없을 수 있는 거야. 이런 일이 반복되면 어떻게 될까? 멸종! 멸종이라고!"

지호는 신들의 눈치를 보며 조심스럽게 반박했다.

"한쪽이 더우면 반대쪽은 춥지 않을까요?"

지호네 동네는 홍수가 났지만, 다른 곳은 가뭄이라고 들었다.

"흥, 그럴 수도 있겠지만 반대 지역에 사는 바다거북을 어떻게 만나겠느냐? 반대로 악어는 온도가 높으면 수컷만 태어나지! 바다거북더러 악어랑 결혼하라고 그럴까?"

농업의 신이 씩씩대는 예지의 신을 점잖게 타일렀다.

"온도 상승으로 어려움이 많다는 것은 모두 알고 있는 사실이오. 이곳은 분노를 쏟아붓는 자리가 아니니 진정하시오."

예지의 신은 하소연하기 시작했다.

"괘씸해서 그럽니다. 이렇게 많은 생물을 멸종시켜 놓고, 자신들이 사라질 것 같으니까 대책이랍시고 저딴 종이 뭉치나 들고 오다니요!"

예지의 신이 가리키는 종이 뭉치는 지호가 들고 온 파리 기후 변화 협약문, 기후 비상사태 선언문 등의 서류였다.

'김 실장 아저씨가 전해 달라던 문서가 왜 저기에 있지?'

지호는 아까 메이가 날아갈 때 김 실장 아저씨가 준 서류들을 챙겼던 게 가물가물 기억났다. 그리고 그제야 메이가 이곳에 지호를 떨어뜨리며 한 말이 제대로 떠올랐다.

'지구를 위협하는 범인들을 잡아 왔습니다.'

범인은 몬스터 카본과 인간······. 인간도 범인이었던 것이다.

지호는 눈앞이 깜깜해졌다. 범인인 내가 신들의 재판정에 서다니! 그런 지호는 아랑곳하지 않고 신들은 계속 토론을 이어갔다. 농업의 신이 말했다.

"가이아 님에게 조금만 더 버텨 달라고 부탁하려면 인간도 대책을 마련해야 하오."

예지의 신은 다시 소리를 질렀다.

"말뿐인 약속으로 도대체 무엇을 할 수 있다는 말입니까?"

이때 의학의 신이 끼어들었다.

"인간들도 죗값을 치르고 있습니다. 최근 전염병으로 얼마나 많은 인간이 죽었는지 다들 아시지 않습니까? 인류는 몇 년 전부터 지독한 전염병으로 두려움에 떨고 있습니다. 앞으로도 미지의 전염병이 계속 인간을 덮치겠지요. 인간들이 개발 명목으로 숲을 불태우면 그곳을 터전으로 삼은 야생 동물이 죽으니까요. 죽은 동물의 몸속 미생물들은 새로운 터전을 찾아 인간에게로 옮겨 갈 수밖에 없습니다. 그럼 새로운 전염병이 발생할 위험도 높아지지요."

지호는 엄청난 충격을 받았다. 새로운 전염병의 발생 원인이

환경 오염와 **기후 변화**였다니! 생각해 본 적도 없었다.

"일단 몬스터 카본의 처분부터 결정합시다. 가장 좋은 방법은 다시 땅속으로 돌려보내는 것일 텐데, 가능할까요?"

지호는 옆에서 꿈틀대는 몬스터 카본을 힐끗 보았다. 몬스터 카본은 상황 파악이 전혀 안 되는지, 여전히 천하태평이었다.

그때 탁자 한구석에 높이 쌓인 보고서 더미가 우르르 쏟아졌다. 깜짝 놀라 쳐다보니 보고서 더미에서 웬 파리채 모양의 몬스터가 톡 튀어나왔다. 몬스터 입안에서는 커다란 선풍기가 빙글빙글 돌아가고 있었다. 신들은 수군거렸다.

"저건 뭐지?"

과학의 신은 갑자기 튀어나온 몬스터의 머리를 쓰다듬으며 말했다.

메이의 환경 교과서

기후 변화는 질병과도 관련이 있어. 이를테면, 기온 상승 때문에 감기 같은 감염병이 퍼지는 속도가 빨라졌지. 아주 무더워진 여름과 따뜻해진 겨울 날씨 때문에 모기 같은 해충이 더욱 많아져 말라리아, 뎅기열 같은 전염병도 증가했고 말이야. 또한 폭염 때문에 식중독, 열사병 같은 질병 감염 가능성도 높아졌어.

"이 녀석은 이산화탄소를 빨아들이는 능력이 있습니다. 인간들은 이것을 탄소 중립이라고 하지요."

'탄소 중립'이 뭘까? 지호는 궁금해졌다. 지호의 마음을 알아챘는지 과학의 신은 탄소 중립에 대해 설명했다.

"탄소 중립이란 이산화탄소 같은 온실가스를 줄이거나 흡수하기 위한 노력입니다. 결과적으로 탄소 발자국을 '0'으로 만드는 것이 목표지요. 인간은 대중교통을 이용하거나 전기를 아껴서 탄소 발자국을 줄이고 있습니다. 나무를 심고 탄소 발생량을 줄이는 기술을 개발하고 사용하는 방법도 있지요."

과학의 신은 엄숙하게 덧붙였다.

"다행히 지구는 원래도 탄소를 흡수합니다. 땅과 바다, 풀과 나무 들 속에 탄소를 저장하지요. 탄소 흡수량을 배출량만큼 늘린다면 지구도 괜찮아지지 않을까요? 그래서 가이아 님에게 몬스터 트리를 빨리 성장시켜 달라고 부탁드릴까 합니다."

지호는 자기도 모르게 맞장구를 쳤다.

"좋은 생각이에요!"

과학의 신은 지호와 수북이 쌓인 보고서를 돌아보았다.

"몬스터 트리는 '기후 행동'이라는 인간의 실천 덕에 태어날 수 있었습니다. 기후 행동이란 탄소 중립을 위한 모든 실천을 가리키지요. 신은 특수 장치로 공기 중 탄소를 빨아들이고, 분리된 탄소는 다시 땅속 깊은 곳에 묻어 버릴 수 있습니다."

지호는 기후나 탄소에 관심을 가진 적이 없어서 그런 것이 있는 줄도 몰랐지만, 원래 알고 있던 이야기처럼 열심히 고개를 끄덕였다.

그때 몬스터 카본이 부글부글 소리를 내더니 방귀라도 뀌듯 '뽕!' 하고 탄소 가스를 뿜어냈다. 그러자 몬스터 트리의 입에 있던 선풍기가 빙글빙글 돌아가더니 탄소 가스를 모조리 빨아들였고 곧 무언가가 톡 하고 튀어나왔다. 바로 번쩍번쩍 빛나는 다이아몬드였다. 지호는 놀라 눈이 튀어나올 것만 같았다.

그 모습을 미소 띤 채 지켜보던 과학의 신은 몬스터 트리가 기특하다는 투로 말했다.

"탄소 가스가 드라이아이스도 다이아몬드도 될 수 있다는 건 다들 아시지요?"

지호는 놀라서 물었다.

"진짜 다이아몬드예요?"

과학의 신은 고개를 끄덕였다.

"그럼 진짜지! 아직 그렇게 품질이 뛰어나진 않지만, 과학 기술은 빠르게 발전하고 있으니 품질도 점점 좋아지겠지."

그러자 몬스터 카본이 몬스터 트리에게로 슬금슬금 다가가 다시 한번 탄소 방귀를 뿡 뀌었다. 그러자 몬스터 트리는 마치 꽃향기를 맡듯 탄소 방귀를 코로 쏙 빨아들인 뒤 이번에는 툭 하고 돌덩이를 내놓았다. 아니, 정확히는 돌덩이가 아니라 **탄소 벽돌**이었다.

메이의 환경 교과서

탄소는 열에 강해서 높은 온도에서도 잘 녹지 않아. 그래서 뜨거운 용광로나 금속을 녹이는 곳에는 **탄소 벽돌**이 쓰이지. 일반 벽돌보다 단단하고 가벼워서 건축에도 유용해. 더불어 가볍고 단단해서 다양한 물건을 만드는 데 쓰이는 플라스틱은 재활용이 잘 안 되고 쓰레기가 되어 환경을 오염시켜. 플라스틱을 재활용하는 방법 중 하나로 플라스틱 벽돌을 만드는 거야. 플라스틱을 작게 조각낸 다음 뜨거운 물을 이용해 높은 압력으로 압축해서 만드는 거지. 이렇게 만든 플라스틱 벽돌은 기존의 벽돌보다 더 튼튼하고 가벼워. 또 기존 벽돌을 만들 때 나오는 이산화탄소를 줄일 수 있고, 플라스틱도 재활용할 수 있는 친환경 벽돌이야.

몬스터 카본은 다이아몬드가 아닌 것이 못마땅한지 샐쭉거렸다. 지호는 저도 모르게 몬스터 카본에게 소리쳤다.

"야! 이런 벽돌을 하나하나 쌓아서 집도 만들고 도로도 깔고 얼마나 좋아. 다이아몬드보다 벽돌이 더 대단하지 않니?"

메이도 냉큼 끼어들었다.

"몬스터 카본이 만들어 내는 탄소로 이렇게 유용한 건축 자재를 만들 수 있다니! 새로운 몬스터의 탄생이 무척 멋집니다. 그런데 혹시 다른 것은 없습니까?"

그러자 과학의 신이 쑥스럽다는 듯 조용히 중얼거렸다.

"흠흠, 포집한 탄소를 플라스틱으로 변화시키는 미생물도 있답니다."

농업의 신이 말했다.

"자, 일단 몬스터 트리부터 빨리 키워 봅시다. 이 녀석은 뭘 좋아하려나?"

곧이어 신들은 다시 심각하게 의논을 시작했다. 이번 가이아 님의 회의에서는 다음 세대의 주인을 결정할지도 모른다고 했다. 새로운 지구의 주인공이 세워지면 인류는 급속히 멸망 수순을 밟는다고 했다. 인류세의 신들은 가이아 님의 회의에서 어떻게 대응할 것인지 머리를 맞댔다.

"단 하나의 희망은 이번 대멸종을 가이아 님이 의도하지 않았다는 거야. 인류세의 문을 인간이 닫는다는 사실에 가이아 님도 은근히 자존심이 상해 있을 거야!"

"그렇지만 멸종된 생물이 너무 많아. 그 생물들을 사랑하던 고대 신들이 쉽게 넘어가려 하지 않을걸?"

"인간들이 이 위기를 극복하기 위해 얼마나 노력하고 있는지를 이야기하면 좋지 않을까?"

지호는 슬그머니 메이에게로 시선을 돌렸다. 자신을 속여서 여기까지 데려온 것이 너무 얄미웠지만 인간이 한 행동을 생각하면 화낼 수 없었다.

"메이, 여행비둘기는 멸종되었다며? 난 정말 몰랐어. 미안해."

얌전히 깃털을 고르던 메이는 뜻밖이라는 듯 지호를 슬쩍 쳐다보더니 가볍게 어깨를 으쓱했다.

"사과할 필요 없어. '생명이여, 번성하라'는 바로 가이아 님의 지상 명령이야. 인간은 그 뜻에 따라 번성했을 뿐이고. 물론 그렇게 난폭한 방법을 쓸 줄은 몰랐지만."

메이는 가슴 털을 부풀리며 말했다.

"그래도 인간 대표로 정식으로 사과하고 싶어."

"그래. 뭐, 네 사과를 받아들일게. 그게 무슨 의미가 있나 싶긴 하지만, 이제라도 잘못을 반성하는 것은 좋은 태도지."

그때 인류세의 신들이 끼어들었다. 가이아 님의 회의를 멈추는 일을 지호가 맡아야 한다는 것이었다.

"제가 어떻게요? 전 못해요!"

그러자 메이가 냉큼 지호를 다그쳤다.

"지금 네가 찬밥 더운밥 가릴 처지야? 지금도 가이아 님의 방에서는 똑딱똑딱 시곗바늘이 흘러가고 있을 텐데!"

지호는 메이가 하는 말이 도통 이해되지 않았다.

"웬 시곗바늘?"

"약속의 시곗바늘이 12를 가리키면 제아무리 신들이라고 해도 운명을 되돌릴 수 없어!"

혹시 인간 대멸종의 시간을 말하는 건가?

"얼마나 남았는데?"

"인간의 시간으로 7년에서 10년 정도?"

"뭐? 7년? 7년이면 난 고등학교도 졸업 못 하는 거잖아! 공부만 하다가 갑자기 죽는 거야? 억울해!"

지호가 소리치자 메이는 혀를 찼다.

"졸업 같은 소리 하네. 쭉 같은 환경이다가 갑자기 폭탄이 뻥 터지는 줄 아니? 이대로 가다가는 앞으로 10년 후 지구는 지옥 그 자체일 거야. 전쟁이 일어날 테니까."

우리나라가 북한과 휴전 중이기는 하지만, 전쟁이라니. 지호는 도무지 상상이 되지 않았다.

"전쟁이 왜 일어나?"

"전 세계적으로 **식량 위기**가 벌어질 테니까."

메이의 환경 교과서

식량 위기란 음식을 구할 수 없어 굶어 죽거나 건강하게 살아가지 못하는 상황을 가리켜. 이런 문제는 전 세계적으로 발생할 수 있어. 이유는 여러 가지야. 가뭄이나 지진 등의 자연재해 때문에 키우던 동식물이 죽을 수도 있고, 논밭이 사라질 수도 있어. 지금도 지구 반대편에서는 많은 사람이 음식 부족으로 힘들어하고 있어. 우리가 버리는 음식을 줄이고 먹거리를 나누는 데 관심을 가지면 식량 위기 해결에 도움이 될 거야.

메이의 말에 지호는 자랑스럽게 대꾸했다.

"잘 모르는 것 같아서 하는 말인데, 내가 살고 있는 대한민국은 세계에서 열 손가락 안에 드는 부자 나라야. 식량은 사 올 수 있다고."

메이가 콧방귀를 뀌며 비웃었다.

"잘사는 나라인 게 무슨 상관이야. 전 세계적으로 먹거리가 없어서 굶어 죽는 사람이 넘쳐날 텐데."

지호는 반박하고 싶었지만, 아파트가 갑자기 고립되는 바람에 엄마가 음식을 구하러 다니던 것이 생각나서 아무 말도 할 수 없었다. 메이는 계속 쏘아붙였다.

"그럼 강한 나라들이 힘으로 음식을 뺏으려고 하겠지? 그게 전쟁 아니야?"

기후 변화가 심해질 수도 있다는 생각은 해 보았지만, 전쟁이라니! 지호는 두 손을 불끈 쥐었다. 드디어 결심이 선 것이다. 인류세의 신들은 지호에게 회의장 입장 전, 미리 알아야 할 것들에 대해 간단히 설명했다.

"자, 자, 뭐 하고 있습니까. 빨리 가이아 님 앞에 이 두 녀석을 데리고 갑시다."

 과학의 신은 몬스터 카본과 몬스터 트리를 챙겨 들고 앞장섰다. 지호는 그 뒤를 따르며 생각했다. 몬스터들은 대체 왜 데리고 가는 거지?

 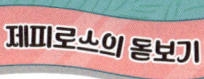

생물 다양성

지구에 얼마나 많은 동식물과 미생물 등이 살고 있는지 아니? 모른다면 지금부터 같이 알아보자!

🌿 생물 다양성의 뜻

지구 생물들의 다양한 정도를 '생물 다양성'이라고 해. 생물 다양성은 지구에 살아가는 생물종과 생태계의 다양성 등으로 나눌 수 있어.

종의 다양성 ✓

종은 '종류'를 나타내는 말이야. 생물 다양성에서 말하는 종의 다양성은 특정 지역에 존재하는 생물 종류의 다양성을 말해. 다양한 종이 존재할수록 그 생태계는 더 풍부하고 안정적으로 유지돼.

생태계의 다양성 ✓

생태계에는 생물들이 살아가는 사막, 바다, 산, 숲 같은 자연 생태계와 사람이 만든 인공 생태계가 있어. 생태계 다양성은 주로 생물들이 살아가는 다양한 생태계의 종류를 뜻해.

🌱 생물 다양성의 중요성

생물 다양성이 중요한 이유는 모든 생물이 서로 연결되어 있기 때문이야. 만약 한 생물이 멸종되면 그와 연결된 생물들에게도 영향을 끼쳐. 예를 들어 볼까? 늑대는 사슴을 잡아먹지? 그런데 늑대가 멸종하면 어떻게 될까? 사슴이 아주 많아질 거야. 그러면 사슴이 풀을 너무 많이 뜯어 먹어서 또 다른 동식물들에게도 영향을 주겠지.

🌱 생물 다양성의 위기

꿀벌 실종 사건 ✓

꿀벌은 꿀을 모으는 과정에서 꽃가루를 옮겨 꽃의 번식을 도와줘. 이러한 꿀벌들이 서식지 파괴, 농약 사용, 지구 온난화 등 때문에 급격히 줄어들고 있어. 꿀벌의 실종은 생물의 다양성에 영향을 줄 수 있어.

멸종 위기 야생 동물 ✓

자연환경에서 살아가는 동물을 야생 동물이라고 해. 그중 인간 때문에 서식지가 파괴되거나, 포획과 사냥으로 사라질 위기에 처한 동물을 멸종 위기 야생 동물이라고 부르지. 한국에서 태어난 1호 자이언트 판다 푸바오도 멸종 위기 야생 동물이야. 바다거북도 멸종 위기 야생 동물이지. 이렇게 동물들이 멸종되면 생태계의 균형이 유지되기 어려워.

대멸종을 막아라!

★ 제피로스의 돌보기 ★
기후 정의

회의장에 가까이 다가가니 스르륵 문이 열렸다. 여기 신들은 인류세의 신들뿐이 아니라, 지구의 모든 시공간에 존재하는 고대 자연의 신들도 있다고 했다.

'혹시 제피로스 님도 와 계실까?'

슬며시 주변을 살폈지만 제피로스는 보이지 않았다. 지호는 마음을 다잡으면서 회의장 안으로 들어섰다. 그러자 문이 흔적도 없이 사라졌다. 공간은 텅 빈 것 같기도 꽉 차 있는 것 같기도 했다. 커다란 벽에는 마치 영화처럼 지구가 초기부터 오늘날까지 변해 온 모습이 흘러가고 있었다.

"생명이여! 땅끝까지 번성하라!"

종종 들리는 소리는 마치 가이아의 지상 명령처럼 들렸다.

커다란 벽에는 생명이 탄생하기 시작한 선캄브리아대에 이어 커다란 벌레들이 등장한 고생대가 보여졌다. 공룡들이 번성한 중생대에는 우주에서 거대한 운석이 지구로 떨어지며 공중으로 먼지구름이 피어올랐다. 그러고는 지구의 기온이 떨어지고 몸집이 거대한 공룡들이 픽픽 쓰러졌다. 메이가 고통스러운 듯 신음을 내뱉으며 중얼거렸다.

"네 번째 대멸종이야."

얼마 지나지 않아 작은 포유류들이 등장했다. 인류도 이때 탄생했다. 기나긴 빙하기가 끝나고 지구가 따뜻해졌다. 지구의 양 끝에 극지방이 생기고, 그사이에 산과 계곡이 생겼다. 또 따뜻한 햇살이 빙하를 녹이면서 바다 표면이 높아졌다.

인류는 농사를 짓고 가축을 길들이기 시작했다. 문명은 빠르게 퍼져 나갔고 곧 문명끼리 교류를 시작했다. 검은 연기를 뿜어내는 증기 기관차가 등장하자 벽시계가 아주 빠르게 돌아가기 시작했다. 화석 연료의 사용으로 인류의 삶은 풍요로워졌지만, 그 대가는 가혹했다. 이때 날카로운 목소리가 들려왔다.

"이때부터 환경 오염이 본격화되었군요. 인간들이 더럽다며 깔보는 돼지도 자기 집 안에서는 똥을 안 싸는데, 어떻게 최고의 지성이라고 자처하는 호모 사피엔스들은 자기 터전에다 저렇게 쓰레기를 버릴 수가 있는지."

지호는 얼굴이 화끈거렸다.

이제 화면에는 콧구멍에 빨대가 박힌 바다거북이 등장했다. 고래 배 속에 가득한 쓰레기와 바다 위에 둥둥 떠 있는 쓰레기 섬이 바다거북의 뒤를 이었다. 그다음에는 육지 곳곳에 세워진 거대한 쓰레기 산의 모습이 나왔다.

"지구를 깨끗이 청소하려면 도대체 얼마나 시간이 필요할까요? 인간들을 땅속으로 넣어 생체 에너지 자원으로 만들어 볼까요?"

지호는 어안이 벙벙해졌다. 인간이 화석화되고, 몇만 년 후 석유나 석탄 같은 자원이 된다는 뜻일까? 지구의 새로운 주인들이 그것을 꺼내 쓴다고 생각하자 소름이 끼쳤다. 신들의 입장에서는 자연스러운 지구의 거대한 순환일지 모르겠지만 말이다.

지호는 저도 모르게 움츠러드는 마음을 다잡았다.

'그래도 아직은 인간들의 시간이니까.'

여기저기서 신들의 목소리가 들려왔다.

"시간을 되돌려 보니 문명을 만들어 낸 호모 사피엔스의 번영이 참으로 놀랍습니다. 가장 놀라운 점은 얼마 되지도 않는 시간 동안 그 많은 생명을 멸종시켰다는 점이지만 말입니다."

"남은 생명들은 99퍼센트가 인간과 인간이 기르는 동물이라지요? 인간의 손을 타지 않은 생명이 이제 1퍼센트밖에 없다니, 거참."

"마지막 단계인 것이지요."

지호는 더 이상 신들의 말을 듣고 싶지 않았지만, 자신의 뒤를 졸졸 따라오던 멸종 동물들의 행렬이 머릿속에서 떠나지 않았다. 그럴수록 지호는 주먹을 꽉 움켜쥐었다.

'아니야, 아니라고. 마지막이라고 하지 말아 줘!'

그때 새로운 목소리가 들렸다.

"이제 새로운 지구가 태어날 시간입니다! 어떤 기후에서, 어떤 생물을 새로운 주인공으로 세울지 논의해 봅시다."

누가 말하는 거지? 지호는 주변을 두리번거렸지만 목소리의 주인공을 찾을 수 없었다. 그런 지호에게 메이가 속삭였다.

"가이아 님이야. 가이아 님은 너무 거대해 우리에게는 보이지 않아. 오로지 존재하신다고 느낄 수만 있을뿐이지."

메이는 크게 한번 심호흡한 뒤 말을 이었다.

"이제 네 차례야. 지호, 네가 이 회의를 중단시켜야 해! 너는 할 수 있을 거야. 파이팅!"

지호는 한 손을 두망방이질 치는 가슴 위에 올리고 슬그머니 다른 한 손을 들었다. 시간의 신이 눈썹을 치켜떴다.

"자네는 무슨 자격으로 이 자리에 나왔는가?"

지호는 꿀꺽 침을 삼킨 다음 떨리는 목소리로 발언하기 시작했다.

"저는, 그러니까, 인간 대표입니다. 저는 인간 대표로서 신들께서 약속한 시간을 지켜 달라 말씀드리고 싶습니다! 처음 인간들에게 주겠다고 한 인류세의 시간이 아직 남아 있지 않습니까? 약속을 지켜 주십시오!"

"신들이 인류세의 시간을 빠르게 돌린 것이 아니다. 인간은 스스로 인류세의 문을 닫고 있지. 호모 사피엔스여! 그대는 스스로 약속의 시곗바늘을 빨리 돌렸다는 것을 모르는 것이냐?"

약속의 시곗바늘은 이제 10초도 채 남아 있지 않았다. 초침이 숫자 12를 가리키는 순간, 신이라 할지라도 인류의 대멸망을 돌이킬 수 없다고 했으니 반드시 시곗바늘을 멈추어야만 했다.

지호는 힐끔 벽시계를 바라보았다. 9초가 남아 있었다. 신들의 시간으로 9초는 인간의 시간으로는 몇 년일까?

"아직 9초가 남아 있잖아요! 지금 인간들은 변하고 있어요. 그러니까 기다려 주세요!"

그때 과학의 신이 몬스터 카본과 몬스터 트리를 손가락으로 가리키며 끼어들었다.

"지구의 기후 변화를 앞당긴 범인은 몬스터 카본입니다. 공기 중 탄소 배출량을 급격하게 늘려 시간의 바늘을 빠르게 앞당긴 녀석이지요. 하지만 짝꿍을 찾았어요. 바로 몬스터 트리입니다. 몬스터 카본이 뱉어 내는 탄소를 몬스터 트리가 빨아들일 거예요. 그럼 대기 중 탄소는 더 이상 늘지 않을 겁니다."

지호는 고개를 격렬하게 끄덕였다.

"시계를 되돌릴 수는 없다 하더라도, 다시 예전처럼 느리게 가도록 할 수는 있을 거예요!"

그때 한 신이 너털웃음을 터트렸다.

"하하하, 어떻게? 어느 날, 인간들이 한꺼번에 눈떠 보니 석유를 쓰면 안 되겠구나 깨닫기라도 할 거란 말이냐? 어림없는 소리다. 인간이 플라스틱 없이 살 수 있을까? 전기 없이? 이제껏 인간은 아무것도 포기하지 않았다. 그런데 그런 말을 누가 믿겠느냐?"

당황한 지호는 크게 웃는 신을 바라만 보았다. 메이는 지호의 귓가에 속삭였다.

"탐욕의 신이야. 인간의 탐욕에 대해 누구보다 잘 알고 있는 신이기도 하지. 하지만 너는 그냥 네가 할 말을 하면 돼."

메이의 말에 지호는 용기를 얻었다.

"몬스터 트리가 바로 인간이 변화했다는 증거입니다! 비록 지금은 어리지만요, 금방 자랄 거예요!"

처음 메이를 따라 시간의 포털로 들어올 때만 해도 지호는 무사히 집에 돌아갈 생각뿐이었다. 그렇지만 메이와 함께 환경 문제를 겪으며 마음이 달라졌다. 이제는 정말 변화해야 할 때였다. 그래서 인류도 탄소 포집이라는 기술을 만들어 낸 것 아닌가. 그 덕에 몬스터 트리도 태어났고!

"오늘날, 인류는 엄청난 기후 위기를 바로 눈앞에서 맞닥뜨렸습니다. 더 이상 환경 문제를 모르는 척할 수 없다는 것을 모두가 알고 있어요."

지호는 마지막 기회를 얻기 위해 최선을 다했다. 신기하게도 말할수록 마음이 차분해졌다.

"요즘 사람들은 나무를 심고 갯벌을 가꾸기 위해 노력해요. 모두 몬스터 트리가 잘 자랄 수 있는 환경을 만들기 위해서지요. 일회용 컵 대신 텀블러를 쓰고, 휴지 대신 손수건을 쓰려고 하는 사람들도 점점 늘어나고 있대요. 저도 쓰레기 분리배출을 열심히 하고 있다고요."

분리배출이라는 말에 어떤 신이 방귀를 뀌었다.

"흥, 그게 무슨 의미가 있지? 네가 지금까지 분리수거한 페트병보다 공장에서 하루에 찍어 내는 페트병이 더 많다는 사실은 알고나 있니?"

지호가 다급하게 말을 이었다.

"요즘 사람들은 기업에 친환경 제품을 요구해요. 가격 대신 탄소 배출량을 살펴보며 물건을 구매하고요. 제도를 바꾸려고 정치권에서도 노력 중이에요. 어떻게 변화하는지 지켜봐 주세요."

풍요의 신 바스테트도 지호의 말에 힘을 실어 주었다.

"기업마다 친환경 제품을 만들어 내고 있지요. 탄소 배출량을 줄인 물건들도 있고요."

또 다른 고대의 신이 바스테트의 말에 찬물을 끼얹었다.

"신들이시여, '그린 워싱'이라는 말을 아십니까? 호모 사피엔스들은 타고난 거짓말쟁이입니다. 내일 당장 죽을지도 모르는 위기 속에서도 기업은 '우리는 친환경 제품을 만들어요'라며 연기하지요!"

"물론 그런 기업도 있겠지만 그것 역시 친환경이 아니면 살아남을 수 없다는 진실을 드러내고 있어요. 그린 워싱 같은 거짓말은 오래가지 못할 거예요. 요즘 소비자들은 똑똑하니까요. 석탄 발전소 대신 재생 에너지를 늘릴 방법도 찾

고 있어요. **지속 가능한 발전**을 위해 노력하고 있다고요!"

어디에선가 안타까워하는 목소리가 들려왔다.

"설사 그렇다고 해도 너무 늦지 않았니?"

지호는 꿀꺽 침을 삼켰다.

"말씀하셨잖아요. 인간은 정말 너무나도 빨리 모든 것을 바꾸어 버렸다고요. 이때껏 보지 못한 속도로 자연을 변화시켰다고요."

지호는 벽시계를 힐끔 바라보고 말을 이었다.

"시간이 얼마 안 남았지만, 미룰 수 없다는 것을 알았으니까 인간은 빠르게 변화할 거예요. 기후 비상사태 선언도 했잖아요."

신들은 팔짱을 꼈다. 분위기는 여전히 좋지 않았다. 지호는 심호흡 뒤에 말을 이었다.

메이의 환경 교과서

미래 세대가 이용할 환경과 자원을 생각하면서 인간 세대의 생활도 함께 발전시킬 수는 없을까? 이런 개발을 **지속 가능한 발전**이라고 해. 지금까지의 개발은 미래 환경보다 눈앞의 성장을 중요하게 여겼어. 하지만 이제는 인간 세대뿐만 아니라 미래 세대를 위해 미래 환경에 신경 써야 할 때야.

"저 역시 여기 오기 직전, **기후 난민**이었어요. 식량을 구하기 위해 엄마가 여기저기 뛰어다니셨지요."

어디에서인가 웃음이 터져 나왔다.

"그간 대량 생산과 운송으로 값싼 먹거리를 얻지 않았느냐? 인간이 당장 눈앞의 이익을 위해 얼마나 많은 땅을 오염시켰는지 아느냐? 농장을 만들겠다며 숲을 불태우고 인간에게 필요 없는 야생 생물들을 멸종시켰지!"

"숲을 불태우고 야생 생물을 멸종시킴으로써 인간은 이미 생각지 못한 대가를 치렀어요! 값싼 곡물을 운반할 때마다 얼마나 많은 탄소 발자국이 생기는지, 한 지역에서 한 가지 곡물만 생산하는 것이 어떻게 생물의 다양성을 파괴하는지 이미 뼈저리게 느꼈다고요."

메이의 환경 교과서

기후 난민이란 온난화로 인한 기후 변화로 집을 잃은 사람들을 가리켜. 기후 변화 때문에 홍수, 가뭄 등의 자연재해가 늘고 있는데 가난한 나라나 빈곤층은 이를 극복하기가 어렵거든. 기후 변화로 인한 피해는 한 나라나 개인의 문제가 아니야. 기후 변화를 일으킨 인간 모두의 책임이지. 따라서 기후 변화로 생기는 불평등을 해결하기 위해 모두가 함께 노력해야 해.

지호는 다시 숨을 골랐다.

"요즘은 각 나라마다 농업 자생력을 키우고, 비싸도 **로컬 푸드**인 지역 먹거리를 기꺼이 사 먹으려는 사람들이 늘어나고 있어요. 고기 대신 채소만 먹겠다는 사람들도 많아요. 이런 노력은 보이지 않나요?"

"과연 오만한 호모 사피엔스들이 변할까?"

신들은 좀처럼 믿지 않았다. 지호는 우물쭈물 덧붙였다.

"변하고 싶지 않아도 변하지 않으면 안 되는 상황이 닥쳤잖아요. 우리 집만 해도……, 최근에 비가 억수로 퍼부어서 먹거리를 구할 수 없었어요. 아파트를 돌아다니며 먹거리 좀 나눠 달라고 부탁했다고요. 저라고 뭐, 그런 식으로 난민이 될 줄 알

메이의 환경 교과서

로컬 푸드란 'Local(지역)+Food(음식)'를 합쳐서 만든 단어야. 주로 내가 살아가는 지역에서 키우거나 만든 식품을 말해. 로컬 푸드를 먹으면 지구를 보호할 수 있어. 멀리서 식품을 운반하려면 많은 연료가 사용되는데, 로컬 푸드는 자신이 사는 지역에서 생산되니까 이동이 짧아 연료를 덜 써도 되거든. 더불어 지역 농부들의 식품을 구매하면 지역 경제를 살리는 데에도 도움을 줄 수 있어.

왔겠어요?"

지호의 얼굴이 화끈 달아올랐다. 그때 거대한 손이 떠올랐다. 거대한 손 위에는 몬스터 트리가 올라가 있었다. 가이아가 몬스터 트리를 살펴보는 듯했다.

"귀여운 아이로구나!"

몬스터 트리는 "뀨유, 뀨유!" 소리를 내며 가이아의 손바닥에 머리를 문질렀다. 마치 살게 해 달라고 응석 부리는 듯했다.

"태어나자마자 사라질 운명이라니!"

가이아의 탄식에 인류세의 신들은 모두 공손하게 머리를 조아리며 말했다.

"가이아 님, 그리고 세상의 탄생과 함께하신 위대한 신들이여! 새롭게 태어난 저 생명에게 살아갈 기회를 주시면 안 되겠습니까? 저희의 간절한 바람입니다. 아직은…… 지구의 새로운 주인도 뽑지 말아 주십시오. 바로 이 순간에 가이아 님의 새로운 아이인 몬스터 트리가 태어났잖습니까? 부디 호모 사피엔스에게 허락된 시간을 최소한 주어진 시간만큼이라도 기다려 주십시오."

가이아는 우렁우렁한 소리로 답했다.

"인류세의 문을 닫은 것은 신들이 아니오. 약속의 시계는 인간들이 건드린 것이지. 멸종으로 향하는 시간의 흐름은 누구도 막을 수 없소."

지호가 간절히 부탁했다.

"아직 몇 초 남았잖아요. 그 시간을 주세요."

회의장이 웅성거리기 시작했다.

"그게 다 무슨 소용인가?"

"이미 한계선을 넘어섰습니다. 지구의 온도를 낮출 수 없습니다."

지호는 간절한 마음으로 애원했다.

"낮출 수 없다면 더 이상 올리지 않을게요. 단 0.1도도! 이대로 그냥 유지해 볼게요."

그때 어디선가 바람의 신 제피로스가 나타났다. 지호는 갑자기 등장한 제피로스를 간절한 눈빛으로 바라보았다. 제피로스는 절박한 지호의 외침을 지지해 주었다.

"예정된 5차 지구 대멸종은 지금까지 보여 주었던 대멸종과는 다르지 않습니까? 극적인 반전이 일어날 수도 있지요. 호모 사피엔스의 말 중에 이런 말이 있습니다. '야구는 9회 말 2아웃부터가 시작이다.'"

여기저기서 피식 소리가 들렸다. 신들도 야구를 좋아하나? 지호는 궁금했지만 입을 꾹 다물었다. 제피로스는 계속해서 말을 이었다.

"인류는 엄청나게 빠른 속도로 지구 환경을 변화시켰습니다. 지금까지는 비록 부정적인 방향이었지만, 반대로 돌변할 수도 있지 않겠습니까? 저는 인간들이 긍정적으로 변화하리라 믿습니다."

"그렇습니다. 호모 사피엔스가 어떤 기적을 보여 줄지 느긋하게 지켜보는 것도 나쁘지 않을 것 같습니다."

인류세 신들은 분위기를 희망적으로 반전시키기 위해 최선을 다했지만, 고대로부터 존재해 왔다는 다른 신들은 여전히 부정적으로 반응했다.

"흥, 이제 와서 그게 다 무슨 소용이란 말인가."

가이아는 아무 말 없이 몬스터 트리를 내려다보고 있었다. 지

호는 가이아를 바라보며 생각했다.

'이대로 대멸종인 건가? 엄마도 아빠도 친구들도 모두 죽는 거야?'

그때 메이가 지호의 어깨 덜미를 움켜쥐었다.

"뭐하고 있어? 판결 날 때까지 가만히 기다리고만 있을 거야?"

지호는 메이의 말이 무슨 뜻인지 몰라 어리둥절했다.

"퍼뜩 돌아가서 뭐라도 해 보라고. 지구의 온도를 어떻게든 낮추란 말이야!"

그제야 지호는 고개를 끄덕였다. 그때 제피로스로부터 바람이 휘리릭 불어왔다. 제피로스가 지호를 보며 말했다.

"이제 집으로 돌아갈 시간이구나."

제피로스가 시간의 포털을 열어 주었다.

"시간의 포털이 열렸습니다!"

너무나도 반가운 소리였지만, 지호는 마냥 기뻐할 수 없었다. 지호는 시간의 포털 속으로 달려가면서 생각했다.

'기후 위기를 극복하기 위해 나는 무엇을 할 수 있을까?'

절대로 포기할 수 없다. 다른 선택지가 없으니까. 지호는 지구로 돌아가며 다시금 벽시계를 쳐다보았다.

'11:59:51.'

9초 남았다! 이 9초가 1년이 될 수도, 아니 10년이, 100년이 되게 할 수 있어. 우리는.

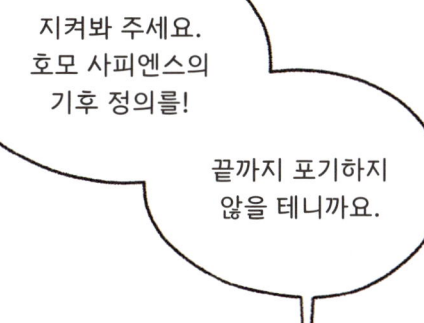

지켜봐 주세요.
호모 사피엔스의
기후 정의를!

끝까지 포기하지
않을 테니까요.

제피로스의 돋보기

기후 정의

지금까지 인간이 지구에 주는 영향에 대해 알아봤지? 마지막으로 기후 문제를 해결하고 다 같이 잘 살아갈 수 있는 방법을 고민해 보자.

🌱 기후 정의를 주장하는 사람들

기후 정의란 정의롭게 기후 위기를 해결하자는 뜻이야. 기후 정의 운동가들은 이렇게 주장해.

1. ◆ 기후 위기가 심해지는 것을 막아야 해!
2. ◆ 전 세계 인구의 약 20퍼센트 정도가 사는 선진국이 전 세계 이산화탄소 배출량의 약 70퍼센트를 차지해.
3. ◆ 가난한 나라나 빈곤층은 자원이 부족하거나 갑작스러운 재난에 취약해 기후 위기에 더 큰 영향을 받아.
4. ◆ 기후 위기로 생기는 불평등을 막아야 해.
5. ◆ 기후 위기 책임이 큰 나라들에 책임을 더 지우고, 적은 사람들에게는 덜 돌아가게 해야 해.

🌱 기후 정의를 위한 노력

탄소 배출 저감

기후 위기의 원인인 온실가스 배출을 줄이기 위해 석탄 같은 화석 연료 대신 재생 에너지 같은 친환경적인 대체 에너지를 사용하거나, 에너지를 효율적으로 사용하는 방법을 찾아내는 등의 노력이 필요해.

기후 변화 관련 법과 규제

기후 변화 관련 법과 규제를 지키면서 기업과 개인 들이 환경과 사회에 책임지도록 만드는 것도 필요해.

기후 변화 취약 국가에 대한 지원

기후 위기로 고통받고 있지만 경제적 어려움 때문에 해결이 힘든 나라에 대한 선진국들의 직접적인 지원이 필요해. 기후 위기로 고통받는 나라에 대한 기금을 마련하거나, 기후 위기에 대처 가능한 기술을 전하는 방법을 고민해야 해.

기후 위기에 대한 인식 개선

앞으로 우리는 기후 변화와 관련된 문제를 더욱 깊이 생각하고 해결 방법을 찾기 위해 책을 읽거나 공부할 필요가 있어.

작가의 말

아직 늦지 않았어요!

김일옥

커다란 솥에서 헤엄치는 개구리는 그 안의 물이 점점 뜨거워진다는 걸 느끼지 못한대요. 이 책을 쓰면서 어쩌면 기후 변화도 마찬가지일지 모르겠다고 생각했어요. 매스컴에서는 더 이상 기후 변화가 아니라 기후 위기라고 하더군요.

다른 세상 이야기 같던 기후 위기는 더 이상 남 이야기가 아닙니다. 우리나라도 작년 여름, 에어컨 없이 견딜 수 없을 만큼 뜨거웠지요. 이란은 50도를 넘는 폭염으로 강이 말라 버렸다고 해요. 그분인가요? 도미니카 공화국에서는 때아닌 폭우로 건물과 도로가 잠겼을 뿐만 아니라 스무 명이 넘는 사람이 죽었대요.

더 이상 '어제도 별일 없었으니 오늘도 마찬가지일 거야' 생각할 수 없지만, 가끔씩 '재활용 분리배출을 열심히 하면 뭐해? 여전히 쓰레기와 플라스틱은 산처럼 쌓이고, 환경 오염과 기후 위기는 점점 더 심해져만 가는데……' 좌절감이 들기도 합니다. 그렇다고 우리의 노력이 정말 소용없는 걸까요?

이 책을 쓰면서 처음에는 많이 우울했어요. 돌이킬 수 없는 시점까지 와 버린 듯했으니까요. 하지만 보이지 않는 곳에서 환경 문제를 해결하려고 애쓰는 많은 사람이 있다는 걸 알게 되었어요. 그 사람들을 보고 저도 다시금 용기를 낼 수 있었답니다. 혼자는 힘들지만 생각을 나누고, 함께 행동해 나간다면 지금의 위기를 극복할 수 있을 거예요. 주변에 많은 친구가 함께한다는 걸 잊지 말아 주세요!

서민재

이 책을 준비하며 인간으로서, 그리고 한 명의 어른으로서 많이 부끄러웠어요. 어린이 독자 여러분은 이 책을 읽고 부끄럽지 않게 살아가는 법, 지구 환경을 지키는 법을 제대로 익히길 바랍니다!

황경원

위기에 놓인 지구의 환경 문제에 어린이 여러분의 책임은 없을까요? 이 책과 함께 환경 문제의 심각성을 파헤치고, 인류 멸종을 막기 위해 할 수 있는 일을 찾아보세요!

심재근

이 책을 통해 여러분이 지구와 환경에 대해 깊게 생각하는 시간을 가지면 좋겠습니다. 그리고 지구에게 남은 9초를 지키는 중요한 역할을 해 주길 기대합니다!

신비한 지식 동물원 -환경-

초판 1쇄 발행 2024년 5월 14일
초판 2쇄 발행 2025년 10월 24일

글 김일옥·지식나무교사모임(서민재·심재근·황경원)
그림 손수정
펴낸이 이범상
펴낸곳 (주)비전비엔피·그린애플

기획편집 차재호 김승희 김혜경 한윤지 박성아
디자인 김혜림 이민선 인주영
마케팅 이성호 이병준 문세희 이유빈
전자책 김희정 안상희 김낙기
관리 이다정
인쇄 새한문화사

주소 우 04034 서울특별시 마포구 잔다리로7길 12 (서교동)
전화 02) 338-2411 | **팩스** 02) 338-2413
홈페이지 www.visionbp.co.kr
인스타그램 https://www.instagram.com/greenapple_vision
이메일 gapple@visionbp.co.kr

등록번호 제2021-000029호

ISBN 979-11-92527-51-2 74300
979-11-92527-27-7 (세트)

- 책값은 뒤표지에 있습니다.
- 잘못된 책은 구입하신 서점에서 바꿔드립니다.
- KC마크는 이 제품이 공통안전기준에 적합하였음을 의미합니다.